小学生身体运动功能训练

马立军◎著

北京大学出版社

PEKING UNIVERSITY PRESS

图书在版编目（CIP）数据

小学生身体运动功能训练 / 马立军著 . — 北京 : 北京大学
出版社，2023.5
ISBN 978-7-301-33752-3

Ⅰ . ①小 …　Ⅱ . ①马 …　Ⅲ . ①运动训练 – 小学 – 教材
Ⅳ . ① G624.83

中国国家版本馆 CIP 数据核字（2023）第 025142 号

书　　　　名	小学生身体运动功能训练
	XIAOXUESHENG SHENTI YUNDONG GONGNENG XUNLIAN
著作责任者	马立军　著
责 任 编 辑	刘清悟
标 准 书 号	ISBN 978-7-301-33752-3
出 版 发 行	北京大学出版社
地　　　址	北京市海淀区成府路 205 号　100871
网　　　址	http://www.pup.cn　新浪微博 : @ 北京大学出版社
电 子 信 箱	zyl@pup.pku.edu.cn
电　　　话	邮购部 010-62752015　发行部 010-62750672
	编辑部 010-62750539
印 刷 者	天津中印联印务有限公司
经 销 者	新华书店
	730 毫米 ×980 毫米　16 开本　14.25 印张　200 千字
	2023 年 5 月第 1 版　2023 年 5 月第 1 次印刷
定　　　价	78.00 元

前　言

进入 21 世纪以来，国家出台了一些关于增强小学生体质的政策与文件。然而 2014 年第四次国民体质监测数据显示，小学生的体质出现下滑，肥胖率与近视率上升。鉴于此，国家针对小学生的体育教育政策一步步地细致化、精确化，例如除了体育课外，满足每天 1 个小时的体育活动时间，小学生应该每天都上一节体育课等，无不与小学生的身体健康息息相关，这些内容进入各学校，相关活动切实有效开展起来。

在这个大背景下，笔者编写了《小学生身体运动功能训练》。"身体运动功能训练"是我国竞技体育中相当成熟与成功的体能训练体系，本书希望将身体运动功能训练体系的专业化，与小学生的年龄与生理特点相融合，既满足小学生更为有效率地提升体能素质的需要，也回应体育教师在教学实践过程中对体能训练方法体系的迫切需求。本书也抛出一个学校体育与竞技体育的结合点，让竞技体育的先进训练体系能够融入学校体育的实际，为今后相关领域的教材与专著编写提供思路与实践案例。

本书分为理论部分、实践部分、应用部分。理论部分包括两章，分别是小学生的动作发展与身体运动功能训练、小学生的身心发展基础与身体运动功能训练。将身体运动功能训练与小学生的实际情况结合的研究成果较少，本书进行了简单明了的梳理，以帮助读者更为清晰地了解两者之间的关系。实践部分包括六章，分别为动作准备、快速伸缩复合训练、多方

向移动训练、力量训练、躯干支柱力量、恢复与再生。这部分以竞技体育中的身体运动功能训练体系为基础，结合小学生的年龄与生理特点（即6—12岁，儿童期及青春前期，激素分泌稳步增长等），让身体运动功能训练体系真真正正地为小学生服务。实践部分突出了训练体系中科学的训练方法，也注重对小学生学习兴趣的培养，让学生能够切实感受到体能素质的提高。应用部分包括两份教案，以及附录中的提升 50 米 ×8 折返跑能力、身体运动功能健身操、身体运动功能训练在篮球训练中的应用等三个案例。实践与应用部分案例讲解清晰，能够帮助读者理解训练体系，认识训练方法，学会训练内容，并在教学中实践应用。

本书还有一个特别之处，就是训练方法示范照片中的小模特均是北京大学附属小学的学生。小学生主动参与动作拍摄，在一定程度上体现了他们参与体能训练的积极性。这也表明本书的每个训练动作都是小学生可以做、乐意做的，这可以消除一些小学生刚开始练习时的抵触心理与畏惧感，使他们增强信心，为终身参与体育锻炼奠定坚实的基础。

目　录

第一章
小学生的动作发展与身体运动功能训练

··第一节　动作模式··

动作模式是运动中的基本动作构建，如走、跑、跳、投、爬等。动作模式可以按照优秀、良好、待提高几个等级评价：优秀的动作模式能够提高小学生在运动中或者在竞赛中的表现，良好的动作模式是正确的基本动作模式，而待提高的动作模式是错误的动作模式。长期处于待提高的动作模式，会使小学生处于运动损伤的边缘，造成动作姿势不正确、运动成绩无法提高的结果。因此，使小学生建立正确的动作模式，从而进行科学的体育锻炼与竞赛，是至关重要的。

1.动作模式的内涵

动作模式是指在空间和时间维度上，人进行运动时所执行的单个高效动作形式。如果把人的身体比作一辆具有高配置的顶级跑车，动作模式就是驾驶习惯。良好的驾驶习惯能够延长顶级跑车的寿命，磨合各个环节，从而"省油、提速快、竞争力强"；不好的驾驶习惯会导致顶级跑车的寿命缩短，甚至报废。具有较好动作模式的小学生在运动过程中会实现"动作之间衔接紧密，过渡顺利，能量利用率较高"，具有较差动作模式的小学生在运动中会承受更多的负荷和压力，易导致运动损伤的出现。

动作模式的形成与遗传有一定的关系，但更多是后天学习的结果。理解动作模式的内涵，明白其原理，能够更好地促成婴儿期、幼儿期、儿童期、青春前期、青春期等各个敏感时期动作模式的建立。只有建立正确的动作模式，运动才能做到省时、高效、安全。正确的动作模式也能够为青少年的健康发展打下坚实基础，让他们不断探索体育的魅力，最终养成终身锻炼的习惯。

2. 动作模式的特点

（1）神经系统的有效参与

神经系统在人的体育运动中发挥了重要的作用。动作模式是在大脑中建立与完善的。大脑不对肌肉进行认知，而是对动作模式进行认知，进而形成肌肉间的协调以完成动作。动作模式的建立高度依赖于神经系统，神经系统对于建立正确的动作模式非常关键；动作模式与肌肉记忆间存在着密切联系，只有建立正确的动作模式，才能够形成优秀的肌肉记忆，使主动肌、拮抗肌、稳定肌等各个肌群在运动时高效配置，有效提高运动能力。因此，神经系统的有效参与是动作模式建立的重点。

（2）神经痕迹的高效作用

动作模式是动作程序在神经系统作用下所形成的程序记忆。动作程序的有效发展与运动过程中反复练习所建立的神经痕迹高度相关，而神经痕迹的出现则是动作模式建立的基础。神经痕迹在运动实践中也分为记忆痕迹和感知觉痕迹，其中记忆痕迹主要具有捕捉场景、选择动作、执行动作的作用，而感知觉痕迹则起到反馈的作用，负责对动作进行评估和修正，使动作最优化。这两种神经痕迹是关联统一的，缺一不可。在遇到环境变化或者需要运动时，记忆痕迹发挥主导作用，即在头脑中的动作库选择动作，然后执行。在执行过程中，记忆痕迹与感知觉痕迹协调发挥作用，以达到快速高效完成动作的目的。因此，神经痕迹的高效作用是动作模式的一个重要特点。

（3）稳定性和变化性

动作模式的建立有赖于神经痕迹的形成。神经痕迹中的神经细胞网络是动作模式建立的微观环境，良好的微观环境是构建神经痕迹的重要基础。只有通过多次正确的动作练习，才能逐步形成良好的神经细胞网络环境。良好的神经细胞网络环境具有稳定性，因此在神经痕迹形成后，动作模式也具有稳定性的特点。神经细胞网络环境与动作重复次数和重复周期有直接关系，高重复次数和短重复周期能够帮助形成稳定的神经细胞网络环境。而原本建立起来的稳定神经细胞网络环境，又会随着低重复次数和长重复周期而最终变得不再稳定，因此动作模式又具有变化性。

（4）特异性动作

动作模式不是一成不变的。动作模式依赖于动作程序，动作程序的建立需要神经痕迹的形成，而神经痕迹的形成与个体自身的动作特点与环境刺激密不可分，不同的空间、时间与反馈会造成不同的神经痕迹发展，不同的神经痕迹发展将直接影响动作特异性。因此动作模式具有特异性的特点，在同一动作模式下的不同动作特异性与人自身特点紧密关联。

3. 基本功能动作模式

基本功能动作模式是人在正常生长发育规律与动作发展规律基础上，为了完成日常生活和体育运动所建立的动作模式。基本功能动作模式是人在年龄增长的过程中，遵循自然发展规律，逐步建立起来的，主要包括蹲、转体、步态、滚等动作。

基本功能动作模式是建立在人体解剖结构的功能之上的。人体解剖结构主要包括三个面，即矢状面、冠状面（额状面）、水平面，每个面都穿过一个轴，分别为矢状轴、冠状轴、垂直轴。基本功能动作模式在这三个面中作综合运动，每个动作都具有基础性，且都可以进阶到高级动作，并与其他动作相结合。下蹲动作主要是髋关节、膝关节、踝关节的屈曲动作，是人体最为常见的基本功能动作。弓箭步动作也是一个常见的动作，主要是在单侧位置进行的膝关节和踝关节的屈曲，弓箭步动作是减速动作中的一个基础模板，在学习减速综合动作应用之前首先要学习。推与拉更是一对组合动作，随处可见。推动作模式就是一个使物体远离身体的动作，而拉动作模式则是一个将物体拉近身体的动作。这些基本动作模式的组合，可以满足人在日常生活中的基本需求，这些基本动作也可以作为高级动作模式的基础和进阶的必备条件。

4. 动作模式的训练机制

动作模式的建立前提是神经痕迹的训练，而神经痕迹的训练主要是针对目前的动作进行不断优化、评估、再优化。动作模式的训练必须结合合理的训练体系，进行正确的动作训练内容干预，同时选择科学的评估手段，才能够高效地完成。

动作模式训练的主要任务是提高青少年的运动能力、运动效率，减少运动损伤。基于这个目的，动作模式体系要经历建立、强化、评估、反馈、优化几个阶段。

建立阶段的动作选择至关重要。选择符合小学生自身特点和项目特征的动作模式，是实施的关键。一个动作模式的建立不看动作有多优美，而要看该动作在实际应用中的价值和意义。

强化阶段主要是动作的重复练习。重复练习存在于两种环境中：一种是无对抗无影响的环境，处于强化阶段的初期；另一种是有对抗、有干扰的环境，处于强化阶段的后期，这种环境能够让小学生参与体育运动的动作模式越来越符合实际需要。

评估阶段是动作模式训练环节中至关重要的一个环节。良好的评估可以深入地了解小学生动作是否存在问题和问题形成的原因，既可以作横向对比，即对比同龄学生的动作模式状态，也可以留存数据进行纵向对比，了解同一学生在不同阶段的动作模式质量变化情况，以及时进行有效的调整。

反馈阶段是实施动作模式干预训练的阶段。不同动作模式的干预训练有不同形式的训练内容，科学合理的反馈干预训练机制将大大提高动作模式构建的质量与效率。

优化阶段是动作模式建立的自动化阶段。长期进行动作模式训练将大大提高神经对肌肉动作的控制能力，留下深刻的神经记忆，促进动作模式自动化，从而减少能量损耗，增强运动能力。

动作模式训练体系的主体是"人"，动作模式训练体系的内容即为"任务"，而动作模式训练体系的周遭即为"环境"。动作模式训练体系必须在"人""任务""环境"三位一体的形式下，才能够科学有效地执行。

就本书而言，"人"即小学生，每个小学生都是不一样的个体。同一出生日期的学生，也可能具有不同的生理年龄。因此在具体实施动作模式训练时，一定要结合小学生的生理年龄与实际年龄，如果该学生有运动训练的基础，还要结合"训练年龄"，只有这样才能科学地进行动作模式训练。

"任务"就是要完成的项目目标。制定合理且符合青少年身体发展的目标是非常重要的，合理的目标既能够促进小学生主动积极学习，又可以提高"任务"体系的构建水平，从而为更广大的小学生服务。

"环境"是最具区别性的，不同环境下形成的动作模式不尽相同。例如，在排球项目中，软式排球和硬式排球的击球动作就有所不同，而场地排球和沙滩排球的脚步移动内容也有所区别。所以基于"环境"选择训练形式是极其重要的。

·· 第二节　身体运动功能训练 ··

1.身体运动功能训练的内涵与构成

身体运动功能训练是小学生动作模式构建的一个训练体系，是依据人体运动发展规律和功能解剖结构，提升小学生在运动场上参与体育活动或竞赛的运动能力。其主要内容结构包括评估、训练、再生三个部分。第一部分"评估"主要是指功能性动作筛查，第二部分"训练"主要是指功能动作训练，第三部分"再生"即恢复与再生。

（1）功能性动作筛查

功能性动作筛查（Functional Movement Screen，FMS）是身体运动功能训练开始的逻辑起点，主要是基于基本功能动作模式内容，设置评估筛查体系。该筛查体系主要包括 7 个基本动作和 3 个排除性测试，通过这 10 个项目来对小学生的基本动作模式进行评估与筛查。动作评判数字化是功能性动作筛查的重要特点：每个基本动作分数为 3 分（满分）、2 分、1 分、0 分。排除性测试附属于肩关节灵活性、躯干稳定俯卧撑、旋转稳定性测试。如果在排除性测试中，小学生出现了疼痛，该测试项目也为 0 分。每个基本动作筛查都会对应纠正性训练。小学生在所有测试结束后，能够知道自己各个项目的分数。评分标准：0 分—不能完成动作且有疼痛；1 分—不能完成动作，无疼痛；2 分—有功能障碍，通过代偿能完成动作，无疼痛；3 分—无代偿、无疼痛顺利完成动作。各项分数相加得出总分。只要筛查结果总分高于或等于 14 分，在无疼痛的前提下，即可进行功能动作训练。

（2）功能动作训练

评估体系能够很清晰地指出训练前小学生动作中出现的问题，在接下来的功能动作训练中，可以有针对性地解决诸如动作代偿或动力链薄弱等问题，在有效解决这些问题后即可进入提高与加速阶段。当基本功能动作模式已经很好地建立，在提高与加速阶段，小学生能够有较快的进步速

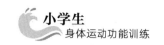
度。功能动作训练主要分为以下五个环节：动作准备、快速伸缩复合训练、多方向移动训练、力量训练、躯干支柱力量训练。但训练体系不是只有这五个训练环节，随着学生的年龄增长，专项化程度加深，会增加能量代谢系统训练、特殊环境状态训练等。这些环节的训练能够有效保证小学生运动能力的稳步增长，有效预防运动损伤，进行高效的动力链传递、降低能量损耗水平等。

（3）恢复与再生

运动后要进行恢复，已经成为运动员或体育教师的共识，但是如何在训练后高效地恢复，确实还是一个值得思考的问题。肌筋膜组织对于身体恢复至关重要，要在恢复的过程中让肌筋膜组织有条不紊地得到加强，就需要身体运动功能训练中的"恢复与再生"模块。积极性的恢复可分为三类，即肌筋膜放松、静态牵拉、扳机点按压。肌筋膜是连接肌肉的外层筋膜，包绕全身肌肉组织，肌筋膜的张力变化能够有效促进人体的肌肉发展，而在训练后放松肌筋膜更是重中之重。静态牵拉是目前最为常见的积极性恢复手段之一，牵拉部位保持的时间足够和PNF（本体感觉神经肌肉促进疗法）的使用，能够大大加快小学生运动后的恢复速度。扳机点按压是 2010 年以来较为流行的一种放松方式，扳机点是每块肌肉中容易出现酸痛的点，通过有效按压这个点，能够起到放松该肌肉和辐射到周围肌肉的作用，可大大减少运动损伤的出现。

2.身体运动功能训练的要点

（1）训练遵从动作模式

如前所述，动作模式是青少年发展运动能力过程中的重要构建内容。身体运动功能训练的金字塔体系提出了动作模式中不同种类发展的序列，从金字塔基底到顶端依次为：关节灵活性训练、关节稳定性训练、稳定性训练、基本运动技能训练、专项技能训练。从这个金字塔体系能够看出，所有动作模式的出发点都是关节的灵活性和稳定性。应知道相应的关节分别具有灵活与稳定的特点。如踝关节具有灵活性，膝关节具有稳定性；髋关节具有灵活性，腰椎关节具有稳定性；胸椎关节具有灵活性，肩胛关节具有稳定性，肩关节具有灵活性……了解这些知识能够帮助我们更好地选择动作类别，最终达到专项技能训练的目的。

（2）注重躯干支柱力量训练

躯干支柱力量训练强调的是动力链传递为主的训练理念，而动力链传递的效率将直接决定小学生的运动能力和损伤预防情况。可以用一个简单的"牛顿摆"解释：有一排大小与质量相同的小钢珠由吊绳固定，将一端的小钢珠拉到某一个高度时松手，小钢珠将力依次传导至其他钢珠，最远端的钢珠会最终摆动起来，达到与初始钢珠一样的高度。良好的动力链可以类比于一连串大小与质量相同的小钢珠，能够有效传递能量，能量损耗较低；而不良的动力链相当于一连串大小与质量不同的钢珠，不能够有效传递能量，能量损耗较高。如果两个人动力链的能量传递效率相差1%，一场比赛下来，整体能量传递就会出现天壤之别。躯干支柱力量的重要性

由此就凸显出来。在身体运动功能训练中必须重视躯干支柱力量的有效发展，才能快速地提高学生的运动水平。

（3）注重整体性训练

整体性训练是身体运动功能训练的一个非常重要的特点。在任何运动项目中，动作都不是孤立存在的，都是与其他动作相互结合的，呈现出整体化特点。整体性训练能够提高小学生的运动能力，能够将训练内容更加快速地转化为运动技能，促进小学生神经与肌肉之间的有效联系。单一性训练主要集中在单关节、单维度方面，锻炼的主要内容只是单一或周围肌肉，不能将训练成果快速地转化为小学生所需的运动技能。因此单一性训练只是训练肌肉，不能显著影响神经系统，也无法促成动作发展。

（4）注重本体感觉训练

本体感觉训练是小学生体育锻炼中非常重要的训练内容。本体感觉器官主要有肌梭和高尔基腱器两类。肌梭遇到刺激后有效收缩，高尔基腱器遇到刺激后适当地放松。本体感觉训练针对的是神经对肌肉的有效控制，是通过专门的训练来提高遇到环境刺激或者任务刺激时的应激反应，从而高效地完成动作内容。在本体感觉训练中，"神经激活"与"肌肉激活"是非常重要的内容。神经激活方面，小学生可以采用快速小幅度的运动来进行激活训练；肌肉激活重点指的是激活臀大肌，因为臀大肌是人体体积最大的肌肉，能否科学、快速、合理地激活它，将直接影响学生的运动表现。

·· 第三节　身体运动功能训练与体能训练的区别 ··

传统体能训练在学校中常见，用于提高小学生的身体素质，其理念是以肌肉训练为主，作单一维度练习，即单关节方面的训练或者单一方向的训练等。虽然科学合理的肌肉训练能够增加肌肉维度，但是在应用到具体的专项技能时，转化速度较慢，没有办法跟专项技能进行有机结合，而且对神经肌肉的控制不够完善。身体运动功能训练则从动作出发，一切训练以动作为基础，这种训练能够高效地将动作转化至专项运动技能，最终达到提高小学生运动能力的目的。体能训练与身体运动功能训练的具体差异见表1-1。

表 1-1　体能训练与身体运动功能训练的差异

体能训练	身体运动功能训练
1. 肌肉训练为主	1. 动作训练为主
2. 高强度、大重量训练形式	2. 符合年龄特点的动作模式训练
3. 增加运动损伤风险	3. 降低运动损伤风险
4. 一般化、非针对性的训练	4. 个性化方法来自专项"动作模式"
5. 重量的选择主要依据尝试次数百分比	5. 动作的选择主要依据有效评估手段
6. 消极性恢复或积极性恢复	6. 积极性恢复
7. 体育科学理论更新速度慢	7. 体育科学理论更新速度快

身体运动功能训练主要建立在动作模式的基础上，身体运动功能训练始终是为了训练动作，而非训练肌肉。因此在设计训练动作时，以无轨

迹、多方向的复合动作为主，在选择动作的时候，以符合专项特点为首要目标，在选择负荷时，考虑学生年龄、学生性别、运动项目等要点，以区分不同项目的小学生所需肌肉类型。

身体运动功能训练注重肌筋膜理论的应用，不止体现在"恢复与再生"之中，也体现在穿插训练之中的纠正性训练上。对肌筋膜理论的科学合理使用，能大大提高小学生的运动能力和竞技水平。在神经系统方面，区别于传统体能训练，身体运动功能训练注重建立神经系统与肌肉的有效连接。在青少年阶段，肌肉的高效利用往往通过神经与肌肉的高效结合而实现，而不是让肌纤维增粗，因此身体运动功能训练更加适合小学生。在动力链方面，身体运动功能训练注重动力链的有效传递，而非肌肉的单关节运动。

第二章
小学生的身心发展基础与
身体运动功能训练

··第一节　小学生的生理发展特点··

小学生在生长发育过程中，身体各项机能逐渐成熟完善。分析小学生身体发育的规律性特征，能为他们的体能锻炼提供依据。

1. 身高

身高是反映身体形态特征的重要测试指标。研究发现，人的生长过程中有两个迅速生长时期：第一个时期是从胎中期到 1 周岁，第二个时期是青春期，通常称为"青春期生长突增"。在青春期生长突增前，约 7 岁时有一个小的中期生长突增。在童年期发育比较缓慢的基础上，青春期会出现第二次加速生长，这一时期人体在身体形态、性征、功能、内分泌及心理等方面都会发生很大变化。

青春期生长突增可以用身高年增长最大值（PHV）和身高增长高峰年龄（PHA）来表示。不同性别的 PHV 与 PHA 存在着明显差异。这个时期男子的 PHV 较女子的高 1—2cm，而女子的 PHA 较男子的小 1.5—2 岁，一般女子的 PHA 出现在 12 岁左右，男子的 PHA 出现在 14 岁左右。PHV 与 PHA 的性别差异，导致男女在生长发育过程中，身高增长出现了两次交叉的现象。女子的 PHA 早于男子的出现，第一次交叉在 9—12 岁，交叉后女子身高超过同年龄的男子，说明女子已进入青春发育期的突增阶段；第二次交叉在 14—16 岁，男子的 PHA 出现，PHV 增加，交叉后男子身高超过

同年龄的女子，说明男子青春发育期突增阶段已经开始，而女子则进入发育相对缓慢阶段。此后，男女身高差距继续增大，使男子在 18 岁时身高的绝对值超过女子。

PHV 与 PHA 的性别差异是身高性别差异形成的主要因素。我国资料显示，成年男女身高差异为 11—12cm，国外则为 12.5cm。成人身高性别差异主要由下列因素造成：① 围产期身高增长，男子较女子多长高 1.5cm；② 男子突增期出现较晚，突增期前男子较女子多长高 6.5cm；③ 男子的 PHV 较女子高，突增期男子较女子多长高 6cm；④ 突增期后，女子的缓慢生长期较男子的长，女子多长高 1.5cm。围产期及突增期后的性别生长差异相互抵消，故成人身高性别差异的形成在时期上取决于男女突增期出现的早晚及突增幅度。

2. 体重

体重发育的特征与身高相似，但存在更大性别差异。男子体重年增长最大值（PWV）略高于女子，约高 1kg，而女子的体重增长高峰年龄（PWA）早于男子，约早 1.5 岁。女子在 12—13 岁时体重增加较快，表现为身体脂肪含量的增加。男子青春期体重突增情况发生较迟，其体重的增加一方面是由于身高的快速增加，另一方面是由于肌肉的增加。体重增长的高峰阶段没有身高突增阶段那么明显，但持续的时间比身高长，增长的总体幅度也较大。到性成熟期之后，体重仍可能急速增长。体重的增长，除与骨骼生长有关外，与肌肉及脂肪的增加也有很大关系，更容易受到后天环境因素的影响。

3. 肌肉与脂肪

青少年肌肉的生长发育有自身规律。研究表明，青少年的肌肉在 8 岁以前增长速度比较缓慢，与出生时相比只增长了约 2%（占体重百分比）；8—12 岁，肌肉增长速度开始加快；15—18 岁时肌肉增长速度最快，18 岁时肌肉占体重的百分比已接近成人的水平。约在 12 岁以前，四肢肌肉的发育落后于躯干部分肌肉的发育。到 12 岁时，神经肌肉系统发育基本成熟，肌肉、肌腱的部位增大。到 14—15 岁时，关节连接装置、骨骼肌、肌腱和肌组织的分化可以达到很高的水平，肌肉的工作效率将有较大提高。例如，肌腱的部位增大，使肌肉的附着面得以扩张，从而使肌肉能强有力地附着在骨骼上，表现出力量的增加。15—16 岁时，青少年的肌肉横断面和肌肉力量开始明显地增加，某些肌纤维的直径到 18 岁时将比 7 岁时大一倍。16—17 岁时，青少年的肌肉已有良好的弹性和很好的神经调节功能，其化学成分、结构和收缩特性已接近于成年人，具有高度的收缩和放松能力。此时，支撑运动装置已可保持相对较大的静止紧张，并可进行较长时间的静力性工作。

另外，人体肌肉组织具有物理特性，如伸展性、弹性和黏滞性。肌肉的生理特性有兴奋性、传导性和收缩性。儿童期肌肉中含水分较多，蛋白质、无机盐较少，因而富有弹性。随着年龄的增长，水分逐渐减少，有机物和无机盐含量增多，肌肉的重量和肌力也不断增加。小学生身体各部分肌肉群发展不平衡，一般是肌肉群、上肢肌、屈肌发育较早，小肌肉群、下肢肌、伸肌发育较迟，所以青少年时期的学生有可能动作不协调，四肢的灵活性、协调性差。通常，肌力发育比身高增长落后 14 个月。青春

期时，肌肉为适应骨骼的生长，以纵向发展为主，肌纤维较细，此时肌力弱、耐力差。青春期后，由于性激素的作用，肌纤维增粗，主要表现为肌肉横断面积和肌肉力量明显增大。

青少年皮下脂肪的发育，从 6 岁开始一直是减弱的，但女子从 8 岁、男子从 10 岁起又开始增强。脂肪发育的性别差异很大，女子的脂肪呈持续增长的趋势，有时甚至可能会体形达到过胖的程度，而男子在身高与体重突增后，脂肪反而逐渐减少，在青春期尤其如此。因此，青春期的女生显得较丰满，而男生则因肌肉较发达而显得较粗壮。一般来说，男子在 8—12 岁期间平均体脂率为 10%—12%，13—18 岁时为 12%—15%；女子平均体脂率在 8—12 岁时 13%—15%，13—18 岁时为 13%—18%。随着近二三十年来经济的发展和人民生活水平的普遍提高，特别是国人膳食结构的变化，肥胖问题在我国已经引起了全社会的广泛关注。除了遗传因素，运动缺乏及不合理的营养摄入是当前肥胖问题的主要成因。值得注意的是，有关肥胖发生率的报道差异较大，可能是由于测量仪器不同、评价标准不统一所致。对青少年来说，合理膳食和养成运动习惯尤为重要。

4. 身体其他部位

青少年身体各部位的生长突增不是同时开始的，速度也不一样。因此，青少年身体各部位比例在不断地发生变化。青春早期，上下肢长度增长最快。其中，足部长度首先加速增长，也最早停止增长，一般在 14—15 岁以后足部便不再变长。足部的这个生长特点是用足长预测身高的基础。足部长度加速增长后 6 个月，小腿长度开始增长，然后是大腿。有资料显示，在突增高峰之前，身高的增长是以下肢长度增长为主的，其次是坐高的增长。7岁以后，人体各部位的发育顺序一般遵循"向心"规律，即从肢体远端开始，按足长—小腿长—下肢长—手长—上肢长—躯干高度的先后顺序发育，先长度、后宽度、再围度。骨骼的生长最快，肌肉落后于骨骼的生长速度。在身体发育的突增阶段，上下肢长度增长比脊柱长度增长快，因此，青春发育期开始后坐高指数（坐高/身高）渐渐减小，在突增阶段的中期降至最低点。7岁时男子坐高为55.2cm，女子坐高为55.0cm；13岁时男子坐高为52.9cm，女子坐高为53.4cm。这时的青少年显得臂长腿长，体态不够协调。当小腿长度增长达顶点后4个月，骨盆宽、胸宽开始增加。1个月后，宽度加速增长。青春中、后期，躯干高度增长速度加快，坐高指数增大，最终达到成年人的正常比例，男子坐高为54.2cm，女子坐高为54.3cm。至此，青少年身高不再增长。青春突增期通常持续2.5—3年，但身体各部位的生长过程并不是同步完成的，如脊柱在25岁以前仍然会十分缓慢地生长。

··第二节 小学生的身体素质发展特点··

青少年时期，学生身体发育旺盛，神经系统灵活，适应性和模仿能力强，有很大的可塑性，是进行身体素质锻炼的大好时机。针对这一特点，应结合不同年龄阶段学生进行体育锻炼对他们发展各项素质的促进作用，合理安排锻炼内容。在此之前，首先要了解各项身体素质发展的最佳

年龄。

1. 力量素质的发展

力量素质自然增长的总趋势是：在18—19岁以前，随年龄的增长而持续稳定地增长。但是在青少年生长发育期间，发展不同力量素质的最佳年龄是不一样的，男女之间也存在较大差别。

（1）最大力量

男子在17岁以前，女子在15岁以前，最大力量增长较快。其中，男子在12—15岁时，女子在10—12岁时，最大力量增长速度最快，为最大力量的突增期。男子在18—25岁时，女子在16—20岁时，最大力量增长速度缓慢。男子在25岁左右，女子在20岁左右，最大力量达到最高水平。此后直到35岁左右，男女均能保持较高的最大力量水平。

在12岁以前的儿童时期，男女的最大力量差异较小，女子大约为男子的80%—90%。13岁以后，由于男子最大力量增长较快，而女子增长速度减慢，男女之间的差距逐渐加大。从13岁开始，随着年龄的增加，男女之间最大力量差距呈现出逐渐加大的趋势。到成年，女子的最大力量为男子的三分之二左右。

（2）力量耐力

男子在18岁以前，女子在12岁以前，力量耐力增长较快。其中，男子在7—17岁基本处于直线上升趋势，女子在10—11岁时，力量耐力增长最快。男子在22岁左右，女子在20岁左右，力量耐力达到最高水平。

男子在 19—22 岁时，力量耐力处于缓慢增长阶段。一般情况下，23 岁以后，力量耐力水平缓慢下降。如果在 20 岁以后仍坚持系统的体育锻炼，直到 35 岁力量耐力仍可保持较高的水平。

女子的力量耐力，一般在 12 岁左右出现一个高峰（腰腹肌力量耐力达到最高水平），在 13—18 岁时出现下降或增长停滞现象，到 19—20 岁时又出现一个高水平阶段。

在 10 岁以前，男女力量耐力的差异较小；在 11 岁以后，男女力量耐力的差距逐渐加大；在 15 岁以后，女子的腰腹肌力量耐力约为男子的 75%，克服自身体重的臂肌力量耐力只有男子的 30% 左右。

（3）速度力量

以爆发力为例，上肢肌肉的爆发力一般表现为投掷能力的强弱，下肢肌肉的爆发力一般表现为弹跳力的好坏。研究表明，男子在 15 岁以前，女子在 13 岁以前，下肢肌肉的爆发力（弹跳力）增长较快。其中，男子在 10—14 岁时，女子在 8—12 岁时，处于爆发力快速增长期；男子在 16 岁以后，女子在 13 岁以后，增长速度减慢；男子在 20 岁左右，女子在 18 岁左右，爆发力达到最高水平，此后开始逐渐下降。上肢肌肉的爆发力随年龄变化的趋势与下肢肌肉变化的趋势基本相同，只是上肢肌肉的爆发力达到最高水平后，一直到 30 岁仍能保持较高的水平。

国外曾有专家研究发现：男子 8—11 岁时，女子 9—10 岁时，为跳跃能力发展的决定性时期；男子 9—15 岁时，女子 8—12 岁时，为投掷能力发展的决定性时期。12 岁以前，男女下肢肌肉爆发力的差异较小，女子水平约为男子水平的 90%。此后，随年龄增长，差距逐渐加大。在上肢肌肉

的爆发力方面，男女 7—20 岁各年龄间的差异比较稳定，女子水平约为男子水平的 23%。

影响力量素质的因素，除了不同年龄阶段的变化规律和性别差异外，还包括：① 肌肉体积的大小。② 杠杆作用，即肌肉收缩力与拉角配合的最佳位置。如测试背部肌力，躯干前倾 30° 时力量最大；测试腿部肌力，膝关节弯曲至小于 130° 时力量下降，在 131°—164° 时腿部肌力最大。③ 体型。中胚型（肌肉型）力量大，内胚型（体重大、丰满）力量中等，外胚型（体形细长）力量小。

2. 速度素质的发展

（1）反应速度

反应速度随年龄的增长而提高，其中，起重要作用的是遗传因素（占比高达 75% 以上），后天的体育锻炼主要是使受遗传因素决定的反应速度表现出来。青少年在 6—12 岁阶段，反应速度大幅度提高，尤其是在 9—12 岁时明显加快，到 12 岁时达到第一次高峰。青少年在 12 岁以后反应速度增长减慢，16—20 岁时出现增长的第二次高峰。总的来说，反应速度随年龄增长而提高。2—3 岁儿童的反应速度为 0.50—0.90s，5—7 岁时为 0.30—0.40s，12—14 岁时接近成人，为 0.15—0.20s。青少年在 9—12 岁阶段如果能加强体育锻炼，反应速度的增长将是各阶段中最快的。参加体育锻炼的青少年较之不锻炼的青少年，在反应速度方面有很大的差别。

（2）动作角速度

在动作角速度方面，4—5 岁儿童的动作角速度为 26.1—37.1rad/s。随着年龄的增长，动作角速度不断提高。13—14 岁时，青少年完成单个动作的角速度已接近成年人的水平，可达到 42.0—86.1rad/s。在 9—13 岁时发展青少年的动作角速度，可取得较好的效果。

（3）位移速度

研究表明，7—13 岁是位移速度提高最快的时期。其中，男子在 8—13 岁时，女子在 9—12 岁时，位移速度提高最快。总趋势是：13 岁以前，男女的位移速度差别不大；13 岁以后，男子的位移速度仍然持续增长，提高的幅度明显超过女子。

3. 耐力素质的发展

耐力素质发展的最佳时期为男子 10—20 岁，女子 9—18 岁。由于耐力素质的好坏取决于有氧供能系统和无氧供能系统的机能状况，因此，耐力素质可分为有氧耐力和无氧耐力。其中，无氧耐力的发展早于有氧耐力。

（1）有氧耐力

女子在 9—12 岁时，有氧耐力指标有较大幅度的提升，进入性成熟期后 2 年，即 14 岁以后，有氧耐力水平下降，16 岁以后下降速度减慢。男子在 10—13 岁时，有氧耐力素质大幅度提高，出现第一个增长高峰；16—17 岁时有更大幅度的提高，出现第二个增长高峰。特别是在 16 岁时，60% 强度的有氧耐力指标增幅超过 40%。

（2）无氧耐力

男子在 10—20 岁时，无氧耐力水平逐年增加，并分别在 10 岁、13 岁、17 岁出现三次增长高峰；在 16—20 岁时增长幅度最大，说明此时无氧耐

力正处在良好的发展时期。女子无氧耐力在 9—13 岁期间逐年递增，14—17 岁时有所下降，出现下降的主要原因是女子在此阶段体重增加较快，与最大吸氧量有关的指标在 14 岁时已接近最高水平，15—17 岁时停滞不变，所以在 15—18 岁期间应加强无氧耐力训练。

总之，男女在青春发育期前耐力素质差异很小，随着年龄的增长，差距逐渐加大，12 岁前女子的耐力水平约为男子的 95%，16 岁后女子的耐力水平约为男子的 80%。发展青少年的耐力素质应从培养其有氧耐力入手，从 15—16 岁开始有序进行无氧耐力训练。

4. 灵敏素质的发展

灵敏素质是各种素质能力的综合表现。7—13 岁是青少年灵敏素质发展效果最好的阶段，在 10—13 岁可以学习任何复杂、高难度的技术动作。研究表明，灵敏素质在儿童时期发展较快，特别是 7—9 岁发展最快。男女均在 19 岁左右达到最高水平，此后有缓慢下降的趋势。灵敏素质的性别差异：12 岁前男女差异较小，男子比女子稍灵活些，此阶段女子灵敏素质约为男子的 95%，年龄越小，差异越小。到成年时，女子灵敏素质约为男子的 85%。

5. 柔韧素质的发展

四肢的柔韧性与身体运动能力并不十分相关，而躯干和髋部的柔韧性则与运动能力关系密切。研究表明，男子在 7—14 岁时，女子在 7—12 岁时，脊柱伸展的灵活性有显著提高；肩关节柔韧性在 12—13 岁以前提高较快；髋关节柔韧性在 7—10 岁时提高幅度最大，此后提高缓慢，在 13—14 岁时接近成年人的水平。

儿童柔韧性好，是由于该时期骨骼的弹性好、可塑性大，关节韧带的伸展幅度大。如果从儿童时期即开始柔韧性练习，会更有成效。到 11 岁左右，由于进入发育的快速阶段，青少年的身高、体形、生理等方面变化很大，柔韧素质发展速度减慢。至青春发育后期，即 18—20 岁左右，发展逐渐停止。此后，柔韧素质的发展处于逐渐下降的趋势。男女之间比较来看，女子的柔韧素质比男子稍好。

总而言之，经过锻炼的人要比未经过锻炼的人身体素质好。科学的体育锻炼可以全面提高人的身体素质。

··第三节 小学生的心理发展特点··

在教学过程中，小学生的心理状态对于其自身的发展具有十分重要的影响。因此针对小学生的心理特点，教师要进行深入的学习与探讨。

1.爱好广泛但不固定

小学阶段正是释放天性的阶段，所以小学生普遍的特点是活泼好动，单纯，惹人怜爱，经常受好奇心指引，对各式各样的事物都充满了兴趣，所以有着比较广泛的兴趣爱好，却较少能够持之以恒，兴趣爱好十分不固定。

在小学体育教学中，学生对于游戏的热衷程度较高，但是热度也容易消散，注意力容易发生转移。再加上一些体育教师所开展的体育教学活动比较乏味，形式比较呆板，便不能够一直吸引学生的注意，有时还会让他们产生厌烦的心理。

2. 强烈的依赖心理

学习与生活对于儿童心理形成有重要影响。小学阶段，学生的活动形式往往是由老师决定的，小学生无法独立思考，独立进行一些实践，要依靠教师指点和引领，他们往往会形成强烈的依赖教师的心理特征。小学阶段的学生普遍比较听老师的话，再加上强烈的依赖心理，使得体育教师能够较容易地主导学生的体育素质和体育学习兴趣的培养，也可以有效地管理学生，促进体育教学活动深入开展。

3. 精力不集中

小学阶段的学生脑子里充满疑问，对于任何事物都充满了好奇，所以在体育教学过程中，任何一点风吹草动都会分散学生的注意力，这不利于体育教学活动的开展。如果小学体育教学活动重视趣味性，那么当学生沉浸于教师安排的有趣活动中时，注意力也能相对集中，持续的时间也能相对长一些。教师通过积极引导，可以培养小学生的体育学习兴趣，有利于小学生掌握体育运动项目的基本技能。

··第四节　小学生的动作发展特点··

1.动作整体发展序列

动作整体发展序列，是指儿童从出生到基本动作技能形成的过程中，各个不同动作发展的时间顺序，每个时间节点对应不同的基本动作模式。

基本动作技能的发展序列是从最不成熟、不协调的多余动作的原始阶段，发展到多余动作减少、动作逐渐协调的建立神经联系阶段，再发展到成熟、自动化阶段的过程。

下面以踢球动作为例，具体阐述动作整体发展序列的实际意义。踢球动作的整体发展序列分为四个阶段：原地用脚推球、原地腿摆动踢球、移动踢球、跨—踢—单脚跳（见表2-1）。在认知科学研究成果基础上，当前的动作发展理论认为，动作技能发展遵循嵌套（螺旋）式周期化的发展模式。在体育教学与运动训练中，我们注意到，动作技能发展阶段的演进意味着儿童以一种可预见的方式改变其行为模式。

表2-1　踢球动作的整体发展序列阶段

项目	动作发展序列阶段			
	1	2	3	4
踢球	原地用脚推球	原地腿摆动	移动踢球	跨—踢—单脚跳

2.动作整体发展序列与生理年龄的对应关系

动作发展研究学者针对各类项目的具体动作特征，经过大量实验，获得动作发展整体序列与生理年龄的对应关系。60%的儿童在每个年龄段均会有相应的动作技能得到快速发展。

以投掷的动作整体发展序列为例，男孩在生理年龄5岁时已经建立成熟的动作行为模式，而女孩在生理年龄超过8岁时才能建立成熟的动作行为模式。踢的动作整体发展序列，男孩7岁就能建立成熟的动作行为模式，而女孩要超过8岁才能建立成熟的动作行为模式。跑的动作整体发展序列，男孩4岁就能建立成熟的动作行为模式，而女孩5岁才能达到。双脚跳的动作整体发展序列，男孩和女孩要在9.5—10岁才能建立成熟的动作行为模式。接的动作整体发展序列，女孩要比男孩提前建立成熟的动作行为模式，大约是在6.5—7岁的生理年龄。挥击的动作整体发展序列，男孩在7岁时可建立成熟动作行为模式，而女孩在8.5岁时才能建立。单脚跳的动作整体发展序列，男孩和女孩大约在7岁时能建立成熟的动作行为模式。连续垫跳步的动作整体发展序列，女孩早于男孩，大约在6岁时就已经建立成熟动作模式，而男孩要接近7岁时才建立。

这种动作整体发展序列的描述，可以对体育教学与运动训练起到指导和预测作用。比如，当大多数男孩已经能做出成熟的投掷动作时，相同生理年龄的女孩还处于同侧手、脚同时向前或向后的动作发展阶段。这说明投掷的动作行为模式发展过程存在性别差异，因而小学阶段的女孩在任何要求力量投掷的教学与运动训练的活动中，都表现出平均水平落后于男孩。

以上研究仅提供了多数儿童在相应生理年龄表现出的整体动作行为特征，但就个体动作发展而言，仍然存在一定程度上的个体差异。虽然个体之间动作发展的一般序列一致，但个体的动作发展水平在不断进步过程中所达到的水平取决于个体在遗传、环境等方面受到的影响。动作整体发展序列虽然具有一定的指导意义和预测能力，但无法完全说明个体的动作发展情况。

第三章

动作准备

·· 第一节　动作准备的要领与注意事项 ··

1.动作准备的必要性

　　小学生正处于快速生长发育的关键时期，他们的整体柔韧性从高慢慢转变为低，因此相应的关节、肌肉、韧带之间的连接灵活度也会降低，这一情况将直接导致学生在做动作时身体出现一些幅度上的限制，影响学生的正常运动。热身活动可以通过一些动作准备来提高学生的基础体温，降低肌肉黏滞性，增强肌纤维之间的滑行能力，为正式训练做好准备。良好的动作准备能够提高学生身体的柔韧性和关节灵活度，还能够强化神经肌肉之间的连接，增强动力链传递。不充分的热身活动或者不进行热身活动，将大大限制学生的关节灵活度，从而使动作幅度受限，这些情况将导致学生的运动能力下降，甚至出现运动损伤。

2.激活臀大肌是动作准备的关键

　　在动作准备中，臀大肌的激活意义重大，占据极为重要且核心的位置。臀大肌是人体中体积最大的肌肉，主要功能是使髋关节伸展，且让股骨外旋。臀大肌强的学生有着较强的蹬地力度，在落地屈膝缓冲时能够保护好自己。但臀大肌训练往往不受重视，且训练方法单一，使学生的臀大肌功能受到限制。小学生的臀大肌力量将直接决定他们跑步动作的正确性，增强他们的蹬地效率。优化臀大肌力量可以增强动力链传递。

3. 动作准备的注意事项

（1）遵从循序渐进原则

由于每个学生自身能力不同，在进行相同的动作准备时，他们各自的反应也会有所不同，因此在选择动作准备模块时一定要结合学生的实际情况，采用循序渐进的方式来指导他们。

（2）需要结合运动项目

动态准备模块的选择，一定要结合即将开展的运动项目。如果即将开展球类运动项目，学生就需要在动作准备中多进行多方向移动的基础练习；如果即将开展田径类运动项目，学生就需要在动作准备中多进行直线类移动的基础练习。

（3）时间控制上要结合课程总时间

小学生的训练总时间一般约为 1 个小时。长时间的准备活动会影响学生的训练积极性，也会使学生的注意力分散，最终影响训练效果。所以，一般可以让学生进行 10 分钟的动作准备。

··第二节　动作准备练习方法··

针对小学生的实际情况，动作准备可以分为四个部分。第一部分是臀大肌激活，能够有效活化肌肉；第二部分是动态拉伸，可以将关节活动至最大位置后反复运动，提高身体的柔韧性；第三部分是动作整合，能够促进学生动力链传递效率；第四部分是神经激活，能够有效强化学生的神经肌肉系统。

1. 臀大肌激活

（1）迷你带 —— 深蹲

动作要领：学生呈站姿，双脚约与肩同宽，脚尖朝前，将迷你带置于膝关节上方。听到信号后，双手前伸，下蹲至大腿与地面平行，膝关节不超过脚尖位置。保持 5 秒后回到起始位置。重复至规定次数。

注意事项：不能因迷你带限制，而导致膝关节内扣。

练习负荷：每组 8—10 次，共 3 组。

（2）迷你带 —— 单侧外展

动作要领：学生呈站姿，双脚约与肩同宽，将迷你带置于膝关节上方。双手自然放在髋关节位置，后背绷直，目视前方。听到信号后，保持一条腿固定，另外一条腿内扣、外展，回到起始位置。重复至规定次数。

注意事项：双脚保持平行，非运动腿保持稳定。

练习负荷：每组每侧 8—10 次，共 3 组。

（3）迷你带 —— 双侧外展

动作要领：学生呈站姿，双脚约与肩同宽，将迷你带置于膝关节上方。双手自然放在髋关节位置，后背绷直，目视前方。听到信号后，两腿内扣、外展，回到起始位置。重复至规定次数。

注意事项：双脚保持平行，身体重心保持稳定。

练习负荷：每组 8—10 次，共 3 组。

（4）迷你带 —— 单腿侧点地

动作要领：学生呈站姿，双脚约与肩同宽，将迷你带置于膝关节上方。双手自然放在髋关节位置，后背绷直，目视前方。听到信号后，一条腿伸直悬空，足尖向侧方、侧后方、侧前方依次点地，再回到起始位置。重复至规定次数。

注意事项：身体保持平衡，根据自身能力大小来确定伸出距离的长短。

练习负荷：每组每侧 8—10 次，共 3 组。

（5）迷你带 —— 向前移动

动作要领：学生呈前后腿站立姿势，将迷你带置于膝关节上方。双臂微屈，后背绷直，目视前方。听到信号后，前腿向前迈出一小步，后腿迅速跟上，依次完成规定距离。

注意事项：膝关节始终分开，避免内扣，脚尖指向前进方向。

练习负荷：每组 5—10 米，共 3 组。

（6）迷你带 —— 向后移动

动作要领：学生呈前后腿站立姿势，将迷你带置于膝关节上方。双臂微屈，后背绷直，目视前方。听到信号后，后腿向后迈出一小步，前腿迅速跟上，依次完成规定距离。

注意事项：膝关节始终分开，避免内扣。

练习负荷：每组 5—10 米，共 3 组。

（7）迷你带 —— 侧向移动

动作要领：学生呈站姿，双脚约与肩同宽，将迷你带置于膝关节上方。双臂微屈，后背绷直，目视前方。听到信号后，左脚向左侧迈出一小步，右脚迅速跟上，依次完成规定距离。

注意事项：膝关节始终分开，避免内扣。

练习负荷：每组每侧 5—10 米，共 3 组。

（8）迷你带 —— 直膝行走

动作要领：学生呈站姿，双脚脚尖点地，与肩同宽，将迷你带置于膝关节上方，双手交叉放于头后方。听到信号后，一只脚向前迈出半个肩宽的距离，另一只脚跟上，向前缓慢移动，至规定距离。

注意事项：膝关节始终分开，避免内扣，保持身体重心稳定。

练习负荷：每组 5—10 米，共 3 组。

2. 动态拉伸

（1）臀大肌拉伸

动作要领：学生呈站姿，双脚与肩同宽。听到信号后，一条腿向前迈出，另一条腿用力向正上方提起，然后双手抱住膝盖上拉，支撑腿同时踮脚尖，保持2—3秒。重复至规定次数。

注意事项：保持躯干绷直，在动作过程中要控制身体稳定。

练习负荷：每组每侧5—6次，共2—3组。

（2）臀中肌拉伸

动作要领：学生呈站姿，双脚与肩同宽。听到信号后，一条腿向前迈出，另一条腿屈膝，用力向斜上方抬起，然后一只手抱住踝关节，另一只手抱住膝关节向上拉，支撑腿同时踮脚尖，保持2—3秒。重复至规定次数。

注意事项：保持躯干绷直，在动作过程中要控制身体稳定。

练习负荷：每组每侧5—6次，共2—3组。

（3）股四头肌拉伸

动作要领：学生呈站姿，双脚与肩同宽。听到信号后，一条腿向前迈出，另一条腿用力向后上方勾起，然后同侧手握住脚背，另一侧手向上垂直伸出，支撑腿同时踮脚尖，保持 2—3 秒。重复至规定次数。

注意事项：保持躯干绷直，在动作过程中要控制身体稳定。

练习负荷：每组每侧 5—6 次，共 2—3 组。

（4）腘绳肌群拉伸

动作要领：学生呈站姿，双脚与肩同宽。听到信号后，一条腿向前迈出，保持伸直勾脚尖状态，另一条腿微微屈膝，然后双手尽力去触摸伸直腿的脚尖位置，保持 2—3 秒。重复至规定次数。

注意事项：根据自身能力大小来决定手触脚尖的位置。

练习负荷：每组每侧 5—6 次，共 2—3 组。

（5）髂胫束拉伸

动作要领：学生呈站姿。听到信号后，双脚交叉，保持体前屈状态，向前腿方向转动，直到髂胫束有适当牵拉感，保持 2—3 秒。重复至规定次数。

注意事项：根据自身能力大小，决定体前屈时手触脚尖的位置和转动的角度。

练习负荷：每组每侧 5—6 次，共 2—3 组。

（6）内收肌拉伸

动作要领：学生呈站姿，双脚并拢。听到信号后，一条腿向一侧迈出1.5 个肩宽距离，身体重心移动到迈出腿位置，下蹲至大腿与地面平行，同时双手向前伸出，保持平衡，保持 2—3 秒。重复至规定次数。

注意事项：保持后背始终处于绷直状态，目视前方。

练习负荷：每组每侧 5—6 次，共 2—3 组。

（7）燕式平衡

动作要领：学生呈直立姿单腿站，后背绷直，目视前方。听到信号后，悬空腿向后缓慢伸出，直至与地面平行，同时该侧脚踝保持勾脚尖状态，另一侧腿微微弯曲，保持平衡，保持 4—5 秒。重复至规定次数。

注意事项：保持后背始终处于绷直状态。

练习负荷：每组每侧 5—6 次，共 2—3 组。

（8）毛毛虫爬行

动作要领：学生呈站姿，双脚并拢。听到信号后，体前屈用双手去接触地面，随后以手向前爬行，整个过程双脚位置不动，膝关节伸直。当爬行至最大位置后，双手保持不动，双脚踝发力向前移动。重复至规定次数。

注意事项：膝关节始终保持伸直状态，避免弯曲和晃动，减少动作代偿。

练习负荷：每组 5—6 次，共 2—3 组。

（9）弓步转体

动作要领：学生呈站姿，双脚并拢。听到信号后，一条腿向前迈出，呈弓箭步状，躯干向前腿一侧方向转动，同时双手平伸，至适当位置后，保持 2—3 秒。重复至规定次数。

注意事项：上下肢协调配合，避免弯曲和晃动，减少动作代偿。

练习负荷：每组 5—6 次，共 2—3 组。

（10）最伟大拉伸

动作要领：学生呈站姿，双脚与肩同宽。听到信号后，一条腿向前迈出，呈弓箭步状，异侧手撑地；同侧手肘关节触碰踝关节后，转身 180 度，同侧手臂上举，与地面保持垂直状态，保持 4—5 秒。然后双手撑地，前腿伸直，保持 2—3 秒，再恢复弓箭步姿势，回到起始位置。重复至规定次数。

注意事项：上下肢协调配合，避免弯曲和晃动，减少动作代偿。

练习负荷：每组 5—6 次，共 2—3 组。

3. 动作整合

（1）双腿 —— 摆臂下蹲

动作要领：学生呈站姿，双脚略宽于肩，目视前方，后背绷直。听到信号后，先双手举过头顶，微微踮起脚尖，之后摆臂快速下落，形成双腿屈膝下蹲姿势。重复至规定次数。

注意事项：下蹲速度要快，用臀部和腿部发力，注意下蹲时膝关节不能内扣。

练习负荷：每组 5—6 次，共 2—3 组。

（2）双腿变单腿 —— 摆臂下蹲

动作要领：学生呈站姿，双脚略宽于肩，目视前方，后背绷直。听到信号后，先双手举过头顶，微微踮起脚尖，之后摆臂快速下落，形成单腿屈膝下蹲姿势。重复至规定次数。

注意事项：下蹲速度要快，用臀部和腿部发力，注意下蹲时膝关节不能内扣。

练习负荷：每组每侧 5—6 次，共 2—3 组。

（3）单腿 —— 摆臂下蹲

动作要领：学生呈站姿，单腿支撑，保持平衡，目视前方，后背绷直。听到信号后，先双手举过头顶，微微踮起脚尖，之后摆臂快速下落，形成单腿屈膝下蹲姿势。重复至规定次数。

注意事项：下蹲速度要快，用臀部和腿部发力，注意下蹲时膝关节不能内扣。

练习负荷：每组每侧5—6次，共2—3组。

（4）原地 —— 军步练习

动作要领：学生呈站姿，双脚与肩同宽，后背绷直。听到信号后，提起一条腿，大腿与地面平行，勾脚尖，自然摆臂，呈踏步姿势，然后用力下落蹬地。两腿交替，在原地进行，至规定时间。

注意事项：做下落蹬地动作时要收紧腹部，避免弯腰驼背。

练习负荷：每组20—30秒，共2—3组。

（5）纵向 —— 军步移动

动作要领：学生呈站姿，双脚与肩同宽，后背绷直。听到信号后，提起一条腿，大腿与地面平行，勾脚尖，自然摆臂，呈踏步姿势，然后用力下落蹬地。两腿交替，向前移动进行，至规定时间。

注意事项：做下落蹬地动作时要收紧腹部，避免弯腰驼背。

练习负荷：每组 20—30 秒，共 2—3 组。

（6）横向 — 军步移动

动作要领：学生呈站姿，双脚与肩同宽，后背绷直。听到信号后，提起一条腿，大腿与地面平行，勾脚尖，自然摆臂，呈踏步姿势，然后用力下落蹲地。两腿交替，向侧方向移动行进，至规定时间。

注意事项：做下落蹲地动作时要收紧腹部，避免弯腰驼背。

练习负荷：每组 20—30 秒，共 2—3 组。

4. 神经激活

（1）原地小碎步练习

动作要领：学生呈半蹲准备姿势，双脚与肩同宽，后背绷直。听到信号后，双脚开始交替小碎步原地点地，手臂协调配合，至规定时间。

注意事项：身体保持稳定，上下肢协调发力。

练习负荷：每组 8—10 秒，共 2—3 组。

（2）原地双脚同时点地

动作要领：学生呈半蹲准备姿势，双脚与肩同宽，后背绷直。听到信号后，双脚同时小碎步点地，手臂协调配合，至规定时间。

注意事项：身体保持稳定，上下肢协调发力。

练习负荷：每组 8—10 秒，共 2—3 组。

（3）前后移动 —— 双脚同时点地

动作要领：学生呈半蹲准备姿势，双脚与肩同宽，后背绷直。听到信号后，双脚同时小碎步前后移动点地，手臂协调配合，至规定时间。

注意事项：身体保持稳定，上下肢协调发力。

练习负荷：每组 8—10 秒，共 2—3 组。

（4）前前后后短距离移动

动作要领：学生呈半蹲准备姿势，双脚与肩同宽，后背绷直。听到信号后，双脚交替小碎步前后移动点地，手臂协调配合，至规定时间。

注意事项：身体保持稳定，上下肢协调发力。

练习负荷：每组 8—10 秒，共 2—3 组。

（5）快速转髋跳

动作要领：学生呈半蹲准备姿势，双脚与肩同宽，后背绷直。听到信号后，髋关节快速向一侧转动，并跳起，然后再回到起始位置，手臂协调配合，至规定时间。

注意事项：身体保持稳定，上下肢协调发力。

练习负荷：每组 8—10 秒，共 2—3 组。

（6）俯卧撑姿 —— 快速换手

动作要领：学生呈俯卧撑姿势，双脚与肩同宽。听到信号后，一侧手臂向前，另一侧手臂向后，快速移动换手，至规定时间。

注意事项：身体保持稳定，避免塌腰驼背等代偿动作出现。

练习负荷：每组 8—10 秒，共 2—3 组。

第四章
快速伸缩复合训练

··第一节　快速伸缩复合训练的工作原理··

快速伸缩复合训练被定义为在尽可能短的时间内使肌肉达到最大力量的练习。这种速度 — 力量能力就是爆发力。

1.肌肉生理学

肌肉和骨骼可以使人体形成一定的姿势和运动。肌肉是唯一可以伸长和缩短的骨骼支撑结构。与其他的支撑结构，如韧带和肌腱不一样，肌肉具有的特性可以使身体产生运动。韧带是坚韧紧密的纤维组织，将骨与骨相连接，并为可动性肌腱提供帮助，使肌肉更好地附着在骨骼上。

肌肉由两种类型的肌纤维组成，即梭外肌纤维和梭内肌纤维。梭外肌纤维包含肌原纤维，它能够缩短、放松和拉伸肌肉。肌原纤维由一些节段组成，节段之间的单位被称为肌节。肌节是由肌球蛋白和肌动蛋白构成的肌丝组成的。肌球蛋白肌丝上的微小突起称为横桥。梭外肌纤维接收来自大脑的神经冲动而产生化学反应，这种反应最终引起肌球蛋白中的横桥塌陷，从而使肌动蛋白和肌球蛋白肌丝相互滑动靠近，肌纤维收缩、变短。

梭内肌纤维也称为肌梭，和梭外肌纤维是平行的。肌梭是肌肉中主要的拉伸感受器。当肌肉被拉长时，肌梭接收来自大脑的信息并促发牵张反射。

肌肉从中枢神经系统中获取信息，这种信息通过脊髓传向外周神经系

统，最终到达身体的每块肌肉。传达到肌肉的信息会调节肌肉在任何节点的长度，以便通过肌肉紧张度来维持身体姿势，促发或者停止动作。

（1）肌肉收缩类型

在体育运动中，运动员要关注肌肉收缩的三种收缩形式，即离心收缩、等长收缩和向心收缩。

离心收缩，发生在肌肉长度被拉伸的情况下，是用来使身体运动减速的。例如，在跑步过程中，为了避免单脚接触地面时所产生的巨大冲击力，身体的重心需要快速降低。跑步者在这时并不会倒下，因为腿上的肌肉进行收缩，控制了这个下降的动作。在跑步分解动作的支撑中期，身体接近静止状态。这时等长收缩发生，肌肉长度没有发生变化。在运动中，这种收缩发生在离心收缩与随后的向心收缩之间的短暂瞬间。在向心收缩中，肌纤维一起牵拉并缩短，使肢体各个环节在跑步过程中进行加速。

（2）肌肉在训练中的应用

在很多运动中，肌肉在离心收缩后会紧接着向心收缩。例如，当跳远运动员在踏板起跳时，髋、膝和脚踝轻微弯曲，以缓冲地面的冲击力，随后起跳腿立刻快速蹬伸，使运动员蹬离踏板。

另外，可以把肌肉想象成弹簧。例如，就篮球运动员的情况来说，助跑将很大压力施加到起跳腿上，也就相当于对弹簧进行压缩。弹簧积蓄的能量会在运动员离开地面时释放出来。

快速伸缩复合训练作为一个完整的训练体系，致力于实现更短的转换阶段。转换阶段，即由离心收缩转向向心收缩的过程。转换阶段的持续时间主要取决于动作学习。在对力量与速度都要求很高的运动项目中，运动员可以运用动作学习与技能训练，增长力量，以缩短转换的时间。

2. 快速伸缩复合训练的生理学依据

肌肉在"拉长—缩短周期"中比在单个向心收缩中，能产生更大的功率，弹性能是一个重要的机制。打个比方，一条橡皮筋，当你拉伸它的时候，势能就产生了，因此可以快速地回到初始长度。

牵张反射是"拉长—缩短周期"的另一个机制。牵张反射的一个常见例子：用橡胶锤轻击股四头肌肌腱，产生膝跳现象。这种轻击引起股四头肌肌腱拉伸，而拉伸被股四头肌所感知，随即做出收缩反应。

牵张反射对肌肉的拉长做出了回应，这种反应速度超过人体内的其他反射，这是由于建立了直接的神经联络——肌肉中的感受器感知到了拉伸，信号传到脊髓中的细胞，最后返回到执行收缩的纤维。其他的反射比牵张反射速度要慢，因为它们在做出反应前必须要通过几个不同的通道（中间神经元）并到达中枢神经系统（大脑）。

由于牵张反射中延时非常短，肌肉在拉长—缩短周期中产生的收缩就要快于肌肉的其他收缩。对于进行跑跳投活动的学生来说，肌肉被拉伸后，自主意识下的收缩都会因为延时太长而不能起作用。

除了反应时间外，反应力量也是衡量快速伸缩复合训练与运动表现相关性的重要指标。尽管在训练后，牵张反射的反应时间没有改变，但是反应力量有所增大。肌肉被拉伸得越快，向心收缩阶段产生的力就越大，于是就产生了一个更有力的动作来克服惯性。这个惯性可以来自个体自身的体重，或者是一个外部的物体。

··第二节　快速伸缩复合训练方法··

根据小学生的年龄、生理特点和骨骼发育情况，以简单的训练器械对快速伸缩复合训练的练习方法进行划分，分为无器械练习、小栏架（或标志桶）练习、跳箱练习三个部分。

1．无器械练习

（1）双脚连续纵跳

动作要领：学生呈站姿，双脚与肩同宽，身体直立。听到信号后，踝关节发力，原地连续向上跳起，每次跳跃都最大程度地伸展踝关节。重复至规定次数。

注意事项：保持后背绷直，避免出现动作代偿。

练习负荷：每组 10 次，共 3—4 组。

（2）转髋跳

动作要领：学生呈站姿，双脚与肩同宽，身体直立。听到信号后，跳起转动髋关节，使下半身转动 90 度，下一跳再回到起始姿势。连续跳跃，每次跳跃转动下半身，上半身保持不动。重复至规定次数。

注意事项：动作要由髋和腿协调配合完成。

练习负荷：每组 10 次，共 3—4 组。

（3）抱膝跳

动作要领：学生呈站姿，双脚与肩同宽，身体直立。听到信号后跳起，上提膝关节至胸部，双手抱膝，落地时保持身体直立。快速重复这一动作，至规定次数。

注意事项：全程保持后背绷直。

练习负荷：每组 10 次，共 3—4 组。

（4）后踢腿跳

动作要领：学生呈站姿，双脚与肩同宽，身体直立。听到信号后跳起，后屈膝，用脚后跟踢臀部，膝关节垂直向下。快速重复这一动作，至规定次数。

注意事项：由膝关节和小腿发力，跳起时摆动手臂。

练习负荷：每组 10 次，共 3—4 组。

（5）弓步跳

动作要领：学生双脚前后开立，形成弓步，髋关节和膝关节分别成 90 度角。听到信号后，手臂带动跳起，空中保持分腿姿势，落地时保持弓步姿势，并立即重复跳跃，至规定次数。

注意事项：起跳时，要伸膝伸髋，上下肢协调配合。

练习负荷：每组 10 次，共 3—4 组。

（6）弓步交换跳

动作要领：学生双脚前后开立，形成弓步，髋关节和膝关节分别成90度角。听到信号后，起跳并将双脚交换位置，前腿后摆，后腿屈膝前摆。落地时形成弓步下蹲动作。快速重复这一动作，至规定次数。

注意事项：起跳时，要伸膝伸髋，上下肢协调配合。

练习负荷：每组10次，共3—4组。

（7）分腿屈体跳

动作要领：学生呈站姿，双脚与肩同宽，身体直立。听到信号后起跳，双腿向外分开并上举，跳跃至最高点时，尝试用手触摸脚尖，然后落回到原位置。重复至规定次数。

注意事项：起跳时，膝关节尽量不弯曲，尽可能连续跳跃。

练习负荷：每组10次，共3—4组。

（8）直腿屈体跳

动作要领：学生呈站姿，双脚与肩同宽，身体直立。听到信号后起跳，双腿并拢体前上举，只弯曲髋部，跳跃至最高点时，尝试用手触摸脚尖，然后落回到原位置。重复至规定次数。

注意事项：起跳时，膝关节尽量不弯曲，尽可能连续跳跃。

练习负荷：每组 10 次，共 3—4 组。

（9）立定跳远

动作要领：学生呈半蹲姿势站立，双脚与肩同宽。听到信号后，运用大臂的摆动和腿部反向的运动（下蹲），尽可能地向远处跳出。重复至规定次数。

注意事项：起跳时，上下肢协调配合。

练习负荷：每组 10 次，共 3—4 组。

（10）立定跳远接纵跳

动作要领：学生呈半蹲姿势站立，双脚与肩同宽。听到信号后，运用大臂的摆动和腿部反向的运动（下蹲），尽可能地向远处跳出，落地后再向上纵跳，然后回到原位置。重复至规定次数。

注意事项：起跳时，上下肢协调配合。

练习负荷：每组 10 次，共 3—4 组。

2. 小栏架（或标志桶）练习

（1）单腿——踝关节左右跳跃

动作要领：放置一个小栏架于身体一侧。学生单脚支撑站立，身体直立。听到信号后，单脚左右连续跳跃，越过小栏架。用踝关节发力，保持双脚与肩同宽，单脚着地。重复至规定次数。

注意事项：起跳时后背绷直，避免躯干弯曲。

练习负荷：每组每侧 10 次，共 3—4 组。

（2）立定跳跃障碍

动作要领：放置一个小栏架于身体一侧。学生呈站势，双脚与肩同宽，身体直立。听到信号后，双脚左右连续跳跃，越过小栏架。用踝关节发力，保持双脚与肩同宽，两脚同时着地。重复至规定次数。

注意事项：起跳时后背绷直，避免躯干弯曲。

练习负荷：每组 10 次，共 3—4 组。

（3）正向 —— 障碍跳

动作要领：放置 5 个小栏架于身体前方。学生呈站姿，双脚与肩同宽，面向第一个小栏架。听到信号后，双脚连续跳过小栏架，双脚并拢同时着地。重复至规定次数。

注意事项：落地时要屈膝缓冲，前脚掌触地。

练习负荷：每组 10 次，共 3—4 组。

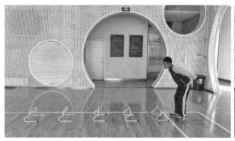

（4）侧向——障碍跳

动作要领：放置 5 个小栏架于身体侧面。学生呈站姿，双脚与肩同宽。听到信号后，双脚侧向连续跳过小栏架，双脚并拢同时着地。重复至规定次数。

注意事项：落地时要屈膝缓冲，前脚掌触地。

练习负荷：每组 10 次，共 3—4 组。

（5）开合跳

动作要领：放置 1 个小栏架于两腿之间。学生呈站姿，双脚与肩同宽。听到信号后，双脚跳起时腿并拢，落地时腿分开。重复至规定次数。

注意事项：每次跳跃时后背绷直，身体微微前倾。

练习负荷：每组 10 次，共 3—4 组。

（6）障碍跳接变向快速跑

动作要领：放置 5 个小栏架于身体前方。学生呈站姿，双脚与肩同宽，面向第一个小栏架，同伴站在小栏架的另一端。听到信号后，双脚连续跳过小栏架，当跳过最后一个小栏架后，同伴随意指出方向，学生迅速向指定方向跑。重复至规定次数。

注意事项：落地时要屈膝缓冲，前脚掌触地。

练习负荷：每组 10 次，共 3—4 组。

小学生
身体运动功能训练

（7）障碍跳接纵跳

动作要领：放置 5 个小栏架于身体前方。学生呈站姿，双脚与肩同宽。听到信号后，双脚连续跳过小栏架，当跳过最后一个小栏架后，用力向上纵跳。重复至规定次数。

注意事项：落地时要屈膝缓冲，前脚掌触地。

练习负荷：每组 10 次，共 3—4 组。

（8）跳跃 Z 字形障碍

动作要领：放置 5 个小栏架于身体前方，摆成 Z 字形。学生呈站姿，双脚与肩同宽。听到信号后，双脚连续左右跳过小栏架。重复至规定次数。

注意事项：落地时要屈膝缓冲，前脚掌触地。

练习负荷：每组 10 次，共 3—4 组。

（9）六边形障碍跳

动作要领：放置 6 个小栏架于身体周围。学生呈站姿，双脚与肩同宽。听到信号后，双脚侧向跳过小栏架后再跳回起始位置，依次跳跃完所有的小栏架。重复至规定次数。

注意事项：动作连贯，身体协调。

练习负荷：每组 10 次，共 3—4 组。

3. 跳箱练习

（1）双腿交换跳

动作要领：起始姿势为一只脚放置在跳箱上，脚后跟贴近跳箱边缘，另一只脚站在地上。听到信号后，学生通过蹬伸放在跳箱上的腿，使身体尽可能跳起，交换脚着地。重复至规定次数。

注意事项：跳跃时，可以利用双臂的摆动增加身体高度和维持平衡。

练习负荷：每组 10 次，共 3—4 组。

（2）单脚蹬箱跳

动作要领：起始姿势为单腿支撑，面对跳箱。听到信号后，学生迅速摆臂向上跳起，单腿落地，双手保持身体稳定。随后走回起始位置，再次用力跳起。重复至规定次数。

注意事项：跳跃时，可以利用双臂的摆动增加身体高度和维持平衡。

练习负荷：每组每侧 10 次，共 3—4 组。

（3）正面跳上跳箱

动作要领：起始姿势为双脚与肩同宽站立，面向跳箱。听到信号后，学生双脚跳起，轻轻落于箱子上，回到起始位置再来一次。重复至规定次数。

注意事项：可以调节跳箱高度来增加跳跃难度。

练习负荷：每组 10 次，共 3—4 组。

（4）侧面跳箱跳跃

动作要领：起始姿势为一条腿站在箱子的一边。听到信号后，双脚同时发力，侧面越过箱子，使得另一条腿站在箱子上。重复至规定次数。

注意事项：可以调节跳箱高度来增加跳跃难度。

练习负荷：每组 10 次，共 3—4 组。

（5）连续跳过跳箱

动作要领：3—5个相同高度的跳箱排成一排。起始姿势为双脚与肩同宽，站在箱子的一端。听到信号后，学生跳到第一个箱子上，然后跳至地面，再跳到第二个箱子上，然后再跳下，一直沿着跳箱连续跳跃。从最后一个跳箱上跳下后，走回起始位置。重复至规定次数。

注意事项：连续跳跃时要轻巧落地，上下肢协调配合。

练习负荷：每组10次，共3—4组。

（6）跳下跳箱

动作要领：起始姿势为双脚与肩同宽，站立于跳箱上。听到信号后，学生膝关节微屈，从跳箱上跳至地面，落地时尽快完成缓冲动作，并尽快固定身体姿势。重复至规定次数。

注意事项：跳下时，要保持屈膝屈髋，后背绷直状态。

练习负荷：每组 10 次，共练习 3—4 组。

（7）跳上跳箱（有预摆臂）

动作要领：起始姿势为面向跳箱，双脚与肩同宽站立。听到信号后，学生轻微蹲下，双臂摆动，跳到跳箱上。重复至规定次数。

注意事项：跳上跳箱时，要保持屈膝屈髋，后背绷直状态。

练习负荷：每组 10 次，共 3—4 组。

（8）跳深练习

动作要领：起始姿势为站在跳箱上，脚尖靠近跳箱前部边缘。听到信号后，学生离开跳箱身体下落，双脚落地，提前做好落地准备并尽可能快地跳起。重复至规定次数。

注意事项：避免身体在落地过程中过分下沉，与地面接触时间尽可能短。

练习负荷：每组 10 次，共 3—4 组。

（9）跳深接跳上跳箱

动作要领：设置两个相同高度的跳箱，间隔 80 厘米左右。起始姿势为站在跳箱上，脚尖靠近跳箱前部边缘，双脚分开与肩同宽，面向第二个箱子。听到信号后，学生离开跳箱，身体下落，双脚落地，然后跳上第二个箱子（轻巧落下）。重复至规定次数。

注意事项：落地后的起跳动作尽可能快。

练习负荷：每组 10 次，共 3—4 组。

（10）跳深接立定跳远

动作要领：起始姿势为站在跳箱上，脚尖靠近跳箱前部边缘，双脚分开与肩同宽。听到信号后，学生离开跳箱身体下落；双脚落地后，尽力向前方跳出，再一次双脚落地。重复至规定次数。

注意事项：落地后的起跳动作尽可能快。

练习负荷：每组 10 次，共 3—4 组。

第五章
多方向移动训练

··第一节 多方向移动训练的工作原理··

1. 多方向移动训练的生理学依据

按速度素质在运动中的表现，速度可以分为反应速度、动作速度和周期性运动的位移速度三种形式。反应速度的快慢取决于刺激通过反射弧所需时间的长短，神经系统的机能状态与反应速度有着密切的关系。多方向移动训练的根本目的是优化和提高运动员在运动过程中的位移速度。多方向移动训练通过锻炼运动员上肢和下肢精细动作，并且在已有的精细动作上加大练习密度，增加练习负荷，来提高神经系统的兴奋性，优化兴奋在反射弧上传导的路径，提高运动员的反应速度。

在动作速度的提升中，肌肉组织的兴奋性和运动条件反射的巩固起到决定性的作用。肌肉组织兴奋程度高时，较低的刺激强度和较短的作用时间就能引起肌肉组织兴奋。在完成动作的过程中，运动技能越熟练，动作速度就越快。多方向移动训练采用多角度和不同距离的练习方式，发展运动员的速度素质，满足他们神经系统和功能系统的需求。

2. 多方向移动训练的动作模式特点

动作模式是机体已经掌握的动作技术通过神经支配和肌肉收缩的共同作用，表现出的一种由有效动作组成的程序化过程。在大脑中枢神经系统的参与下，肌肉、关节、骨骼协同完成既定的有效动作程序。动作模式强

调在神经系统参与下各个环节之间的整体协作。动作模式承载着运动素质和技术，它的优劣决定运动员移动能力的表现和肌肉力量传递的有效性、经济性。动作模式的训练，主要可提高机体生物力学的适应、内外机制的协调和能量的供应形式。

多方向移动训练是按照不同方向与不同速度设计动作模式，并将其组合而成的动作训练体系。这些动作训练体系有利于提高和完善神经系统对身体运动功能的控制与协调能力。从动作形式上分析，这里所说的动作模式并不是解剖学层面的动作，而是人体最基本的功能性动作，由多关节共同组成，并形成特定的功能。合理的动作模式能有效避免运动过程中的能量损耗，预防运动损伤，提高运动表现。

3. 国内外对多方向移动训练的研究

多方向移动训练是身体运动功能训练体系中的一部分。王雄在《身体功能训练动作手册》中提到，功能即目的，是身体存在的本质属性，功能训练是人体本能的、综合性的需求。身体运动功能训练在训练方面强调的是动作模式训练而不是肌肉训练，即通过训练提高练习者完成专项技术所需要的表现能力和动作质量。

任何体育运动都是通过特定的动作模式来完成的，动作就是各种运动本身和专项技术的载体和体现，动作的准确性和规范性直接决定着人体动力链在运动中能量和能力传递的经济性、合理性和快捷性。动作是承载运动素质和技术的基础，动作模式决定运动成绩的好坏，动作决定肌肉力量是否经济有效地传递到人和物，动作决定能量传递的转移快慢。

作为身体运动功能训练这一系统的重要环节，多方向移动训练在移动能力训练中具有重要的地位。

在大部分体育运动中，成功取决于运动员在多方向快速、正确地起动和结束时控制身体和保持关节位置的能力。通过在产生、减小、转移以及稳定内部力量和外部力量时确保身体处于最佳位置，运动员能更有效地改变方向。身体任意一个部位的姿势不正确，运动员都不会达到最佳灵敏成绩。因此，良好的多方向移动技术能够最大限度地提高动作灵敏成绩和反应灵敏度。

··第二节 多方向移动训练方法··

1.跑的不同形式

（1）加速跑

动作要领：学生双脚前后站立，双脚距离一脚到一脚半，屈膝降重心，身体前倾，前腿异侧臂屈肘在前，另一臂置于身后。听到"跑"的信号后，双脚用力蹬地，迅速向前冲出去，至指定距离。

注意事项：头部正直，上体稍微前倾，双臂前后摆动要轻快有力。

练习负荷：每组20—30米，共3—4组。

（2）后退跑

动作要领：学生背对着起跑线，双脚前后站立，双脚距离一脚到一脚半，屈膝降重心，身体前倾，前腿异侧臂屈肘在前，另一臂置于身后。听到"跑"的信号后，前脚掌用力蹬地，迅速向后冲出去，至指定距离。

注意事项：头部正直，上体稍微前倾，双臂前后摆动要轻快有力。

练习负荷：每组20—30米，共3—4组。

（3）变速跑

动作要领：加速时，学生上体前倾，前脚掌快速蹬地，同时迅速摆臂，加快频率。减速时，学生上半身直起，步幅加大，用前脚掌着地，缓冲减速，注意循序渐进地减速。

注意事项：在变速的转换阶段，要控制好身体重心，避免动作代偿。

练习负荷：每组30—40米，共3—4组。

（4）侧向滑步

动作要领：双脚分开略宽于肩，屈膝半蹲，身体前倾，手臂自然放于身体两侧保持平衡。听到信号后，学生双脚快速向一侧滑动，重心平稳，双脚保持适当距离。

注意事项：控制好身体重心，避免动作代偿。

练习负荷：每组每侧 20—30 米，共 3—4 组。

（5）交叉步

动作要领：双脚分开略宽于肩，手臂自然打开，身体前倾。听到信号后，学生双脚快速交叉向一侧交替蹬地，重心平稳，双脚保持适当距离。

注意事项：控制好身体重心，避免动作代偿。

练习负荷：每组每侧 20—30 米，共 3—4 组。

2. 跑不同路线

（1）固定路线 —— I 字形跑

动作要领：标志桶 1 和标志桶 2 距离 10 米。学生从标志桶 1 出发冲刺到标志桶 2，绕过标志桶 2 后再回到起点位置。重复至规定次数。

注意事项：在移动过程中重心稳定，蹬地用力。

练习负荷：每组 5—6 次，共 3—4 组。

（2）固定路线——L 字形跑

动作要领：标志桶 1 和标志桶 2 距离 10 米，标志桶 2 和标志桶 3 距离 5 米。学生从标志桶 1 冲刺到标志桶 2，绕"8"字通过标志桶 3 和标志桶 2 返回起点。重复至规定次数。

注意事项：在移动过程中重心稳定，蹬地用力。

练习负荷：每组 5—6 次，共 3—4 组。

（3）固定路线——T 字形跑

动作要领：起始位置标志桶 1 与标志桶 2 距离 10 米，标志桶 2、标志桶 3、标志桶 4 分别距离 5 米。学生从标志桶 1 加速跑至标志桶 2，侧滑步横向移动至标志桶 3，再冲刺至标志桶 4，侧滑步横向移动回到标志桶 2，再后退跑至起点位置。重复至规定次数。

注意事项：在移动过程中重心稳定，蹬地用力。

练习负荷：每组 5—6 次，共 3—4 组。

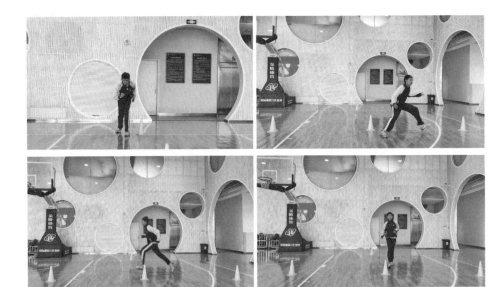

（4）固定路线 —— 正方形跑

动作要领：4 个标志桶摆成边长 8 米的正文形。学生于正文形一角呈起跑姿势。学生沿正文形边长快速跑动至相应的标志桶，触摸后再回到起点位置。重复至规定次数。

注意事项：在移动过程中重心稳定，蹬地用力。

练习负荷：每组 5—6 次，共 3—4 组。

（5）固定路线 —— **W 字形跑**

动作要领：4 个标志桶之间间隔 6 米，呈 60 度夹角。学生呈半蹲姿势准备，开始时侧向滑步快速移动至相对应的标志桶后，触摸后再回到起点位置。重复至规定次数。

注意事项：在移动过程中重心稳定，蹬地用力。

练习负荷：每组 5—6 次，共 3—4 组。

（6）随机路线 —— 正向移动

动作要领：2个标志桶之间间隔8米。学生于2个标志桶中点呈半蹲姿，开始时同伴随机指方向，学生快速跑动至相应的标志桶后，触摸后再回到中心位置。

注意事项：在移动过程中重心稳定，蹬地用力。

练习负荷：每组5—6次，共3—4组。

（7）随机路线 —— 横向移动

动作要领：2个标志桶之间间隔8米。学生于2个标志桶中点呈半蹲姿势，开始时同伴随机指方向，学生快速横向滑步至相应的标志桶后，触摸后再回到中心位置。重复至规定次数。

注意事项：在移动过程中重心稳定，蹬地用力。

练习负荷：每组5—6次，共3—4组。

（8）随机路线——三角形移动

动作要领：将3个标志桶摆成三角形，1个标志桶摆在三角形中点。标志桶2、标志桶3、标志桶4与标志桶1之间间隔6米。学生呈半蹲姿准备，听到同伴指示信号后迅速向前冲刺至指定标志桶，触摸后，以后退跑姿势回到起点。重复至规定次数。

注意事项：在移动过程中重心稳定，蹬地用力。

练习负荷：每组5—6次，共3—4组。

（9）随机路线——米字形移动

动作要领：4个标志桶摆成正方形，各标志桶之间间隔5米。学生呈半蹲姿准备，听到同伴指示信号后迅速冲刺至指定标志桶，在指向标志桶2和标志桶4时采用冲刺跑结合后退跑；在指向标志桶1和标志桶3时采用横向滑步方式移动。

注意事项：在移动过程中重心稳定，蹬地用力。

练习负荷：每组5—6次，共3—4组。

3.跑绳梯练习

（1）一步一格跑

动作要领：学生面对绳梯，双脚与肩同宽，后背绷直，微微屈膝下蹲。听到信号后，前脚掌快速点地，一步迈一格，配合脚步进行摆臂。重复至规定次数。

注意事项：保持前脚掌触地，上下肢协调配合。

练习负荷：每组4—5次，共3—4组。

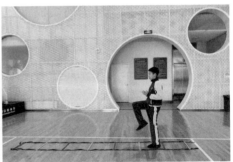

（2）两步一格跑

动作要领：学生面对绳梯，双脚与肩同宽，后背绷直，微微屈膝下蹲。听到信号后，前脚掌快速点地，两步迈一格，配合脚步进行摆臂。重复至规定次数。

注意事项：保持前脚掌触地，上下肢协调配合。

练习负荷：每组 4—5 次，共 3—4 组。

（3）进进出出

动作要领：学生面对绳梯，双脚与肩同宽，后背绷直，微微屈膝下蹲。听到信号后，左右脚依次进入绳梯，再依次迈出，配合脚步进行摆臂。重复至规定次数。

注意事项：保持前脚掌触地，上下肢协调配合。

练习负荷：每组 4—5 次，共 3—4 组。

（4）侧向 —— 进进出出

动作要领：学生面对绳梯的侧面站立，双脚与肩同宽，后背绷直，微微屈膝下蹲。听到信号后，左右脚依次进入绳梯，再依次迈出，配合脚步进行摆臂。重复至规定次数。

注意事项：保持前脚掌触地，同时上下肢协调配合。

练习负荷：每组 4—5 次，共 3—4 组。

（5）单脚进出

动作要领：学生面对绳梯，双脚与肩同宽，后背绷直，微微屈膝下蹲。听到信号后，单脚在绳梯上快速进出，另一只脚保持向前移动。双脚交替练习，重复至规定次数。

注意事项：保持前脚掌触地，上下肢协调配合。

练习负荷：每组每侧 4—5 次，共 3—4 组。

（6）左右进出

动作要领：学生面对绳梯，双脚与肩同宽，后背绷直，微微屈膝下蹲。听到信号后，双脚快速走"之"字形，在绳梯格子中进出，交替向左右两侧移动并保持向前。重复至规定次数。

注意事项：保持前脚掌触地，上下肢协调配合。

练习负荷：每组 4—5 次，共 3—4 组。

（7）滑雪步

动作要领：学生面对绳梯，一只脚在绳梯内，另一只脚在绳梯外，保持弓步状态。听到信号后，双脚同时启动跳起，向前移动一格并交换双脚相对位置，以此类推。重复至规定次数。

注意事项：保持前脚掌触地，上下肢协调配合。

练习负荷：每组4—5次，共3—4组。

（8）正向——开合跳

动作要领：学生面对绳梯，双脚并拢，目视前方。听到信号后，双脚同时在第一格位置打开，再跳到下一个格子里，按照"开—合"的顺序连续跳跃。重复至规定次数。

注意事项：保持前脚掌触地，上下肢协调配合。

练习负荷：每组4—5次，共3—4组。

（9）正向——开合抬腿跳

动作要领：学生面对绳梯，双脚并拢，目视前方。听到信号后，双脚同时在第一格位置打开，跳到下一个格子里时单脚支撑，按照"开—合"的顺序连续跳跃。重复至规定次数。

注意事项：保持前脚掌触地，上下肢协调配合。

练习负荷：每组 4—5 次，共 3—4 组。

（10）正向——双脚连续跳

动作要领：学生面对绳梯，双脚并拢，目视前方。听到信号后，双脚连续跳过格子。重复至规定次数。

注意事项：保持前脚掌触地，上下肢协调配合。

练习负荷：每组 4—5 次，共 3—4 组。

第六章

力量训练

··第一节　力量训练工作原理··

1.力量训练概念

力量被看作是一种能力，是一种使肌肉的机械力在运动中得以发挥的能力。葛欧瑟关于力量的观点为：体育运动中，力量的生物学定义应该是指一种能力，它是神经肌肉系统通过内部神经过程和能量代谢过程，以肌肉收缩来克服阻力或对抗阻力产生作用或使物体保持在一定状态。马特维耶夫认为，力量是通过肌肉紧张，克服阻碍行动的机械力和生物机械力并对抗它们，从而保障行动效果的能力。训练学界通常将力量看成是身体素质的其中一部分，并称之为力量素质，认为它是指人体神经肌肉系统在工作时克服或对抗阻力的能力。

运动医学界认为，肌肉力量是指肌纤维收缩时产生的力，即一块肌肉或一个肌群以一次最大努力对抗阻力所产生的力。1992年国际运动医学委员会对肌肉力量的定义是：当肌肉以离心、向心和等长收缩的形式进行动力性活动时，可能会表现出差异巨大的速度特征。无数的评价肌肉力量的指标，既可能是单一条件下的肌肉的值，也可能是包括了肌肉收缩的类型、速度和长度等因素在内的指标。现在，国际运动医学委员会将肌肉力量定义为：在特定的或确定的速度条件下，一块肌肉或一个肌群产生的最大力或转动力矩。该定义增加了一个限制因素，即速度条件。

2.力量训练负荷安排

运动生理学认为，肌肉的力量大小与肌肉的横断面大小等因素有关。小学阶段，学生肌肉的增长速度落后于骨骼的增长速度。在肌肉增长和发展过程中，某些肌群在日常生活中使用较少，导致肌肉的发展具有不平衡性。身体的脆弱性是小学生身体发展过程中的一个特征。由于小学生骨化过程尚未完成，软骨成分较多，骨骼柔软，关节的支撑能力差；肌纤维比较细长，横断面较小，故肌肉力量和耐力较差。如果力量训练与这些特点不相适应，可能会阻碍骨骼的正常发育，还可能会造成脊柱、大关节的关节腔变形和韧带受伤。那些速度能力较强、动作速率快的青少年运动员，在训练过程中更容易发生关节和韧带的损伤。根据小学生的上述生理特点，在力量训练中，既要在肌肉发展部位上注重其薄弱肌群的训练，又要在训练方法上避免采用长时间、大力量和静力性等练习手段与方法。竞技体育发展的实践证明，小学生的身体训练，尤其是早期力量训练，是小学生尽早掌握运动技术、使运动成绩稳定提高的基础。

小学生通过科学、合理的力量训练，可使运动器官达到良好的发育状态，可有效地预防和避免运动损伤，保证训练进程。

第二节 力量训练方法

1. 上肢推

（1）靠墙 —— 斜推撑

动作要领：学生面对墙壁，双脚并拢，双手扶墙，双手距离 1.5 个肩宽。听到信号后，肘关节缓慢屈曲，胸部尽量贴墙，至最大位置后保持 3 秒，再回到起始位置。重复至规定次数。

注意事项：腰背部挺直，避免弯腰驼背。

练习负荷：每组 15—20 次，共 3—4 组。

（2）半跪姿 —— 俯卧撑

动作要领：学生呈俯卧姿，膝关节着地且并拢，手臂支撑且垂直于地面，与肩同宽。听到信号后，肘关节屈曲，胸部尽量贴地。整个过程中髋关节要保持平直。重复至规定次数。

注意事项：腰背部挺直，避免弯腰驼背。

练习负荷：每组 10—15 次，共 3—4 组。

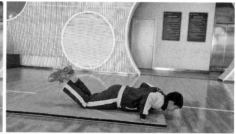

（3）标准俯卧撑

动作要领：学生呈俯卧姿，双脚并拢，足尖蹬地，手臂支撑且垂直于地面，与肩同宽。听到信号后，肘关节屈曲，胸部尽量贴地。整个过程中髋关节要保持平直。重复至规定次数。

注意事项：腰背部挺直，避免弯腰驼背。

练习负荷：每组 8—12 次，共 3—4 组。

（4）上举实心球

动作要领：学生呈基本站姿，脚尖朝前，双手持实心球于胸前。听到信号后，双手用力上举实心球，至最高处后保持 3 秒，再缓慢回到起始位置。重复至规定次数。

注意事项：后背不要弓，持球下落时要保持身体稳定，避免出现晃动。

练习负荷：每组 8—12 次，共 3—4 组。

（5）仰卧姿 —— 推球

动作要领：学生呈仰卧姿势，双手持实心球放于胸前。听到信号后，双手用力垂直上举实心球，至最高处后保持 3 秒，再缓慢回到起始位置。重复至规定次数。

注意事项：保持身体稳定，避免出现晃动。

练习负荷：每组 8—12 次，共 3—4 组。

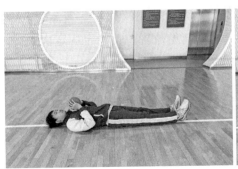 

2. 上肢拉

（1）助力 —— 引体向上

动作要领：单杠位置放置一个弹力带。学生双手抓握单杠，弹力带置于脚底位置。听到信号后，双手向上拉起，至胸部触杠后，保持 3 秒，再回到起始位置。重复至规定次数。

注意事项：要根据自身能力大小来调节弹力带的弹性。

练习负荷：每组 8—10 次，共 3—4 组。

（2）引体向上

动作要领：学生双手抓握单杠，双腿交叉悬垂。听到信号后，双手向上拉起，至胸部触杠后，保持 3 秒，再回到起始位置。重复至规定次数。

注意事项：腰背部绷直，避免出现弓腰、弓背的代偿动作。

练习负荷：每组 6—8 次，共 3—4 组。

（3）屈膝 —— 斜向上拉

动作要领：学生呈仰卧姿势，双腿屈膝，双手握住单杠，使身体与单杠平行。听到信号后，双手向前拉起，至胸部触杠后，保持 3 秒，再回到起始位置。重复至规定次数。

注意事项：身体下落过程中手臂依旧要控制速度，避免无控制快速下落造成运动损伤。

练习负荷：每组 8—10 次，共 3—4 组。

（4）直膝 —— 斜向上拉

动作要领：学生呈仰卧姿势，双腿直膝，双手握住单杠，使身体与单杠成45度夹角。听到信号后，双手向前拉起，至胸部触杠后，保持3秒，再回到起始位置。重复至规定次数。

注意事项：身体下落过程中手臂依旧要控制速度，避免无控制快速下落造成运动损伤。

练习负荷：每组8—10次，共3—4组。

3. 下肢推

（1）双腿 —— 半蹲

动作要领：学生呈站姿，双手自然放于身体两侧，双脚略宽于肩，脚尖朝前。听到信号后，双臂向前平举，屈膝屈髋下蹲，使大腿与地面平行后，保持2—3秒，再回到起始位置。重复至规定次数。

注意事项：要根据自身能力大小，适当增加负重。

练习负荷：每组8—10次，共3—4组。

（2）双腿——深蹲

动作要领：学生呈站姿，双手自然放于身体两侧，双脚略宽于肩，脚尖朝前。听到信号后，双臂向前平举，屈膝屈髋下蹲至底，且后背绷直，保持2—3秒，再回到起始位置。重复至规定次数。

注意事项：要根据自身能力大小，增加负重。

练习负荷：每组8—10次，共3—4组。

（3）前后分腿蹲

动作要领：学生呈前后分腿站立，双手放于腰间位置，后背绷直，目视前方，脚尖朝前。听到信号后，屈髋屈膝下蹲，至前腿大腿与地面平行位置，保持2—3秒后，再回到起始位置。重复至规定次数。

注意事项：要根据自身能力大小，增加负重。

练习负荷：每组 8—10 次，共 3—4 组。

（4）后腿抬高 —— 前后分腿蹲

动作要领：学生呈前后分腿站立，后腿放置于 30 厘米高的箱子或固定地面上，双手放于腰间位置，后背绷直，目视前方，脚尖朝前。听到信号后，屈髋屈膝下蹲，至前腿大腿与地面平行位置，保持 2—3 秒后，再回到起始位置。重复至规定次数。

注意事项：要根据自身能力大小，增加负重。

练习负荷：每组 8—10 次，共 3—4 组。

（5）助力 —— 单腿蹲

动作要领：学生单腿支撑站立，一侧手扶墙，另一侧手帮助保持平衡。听到信号后，缓慢下蹲至悬空腿与地面平行位置，保持 2—3 秒后，再回到起始位置。重复至规定次数。

注意事项：后背绷直，避免出现弯腰驼背的代偿动作。

练习负荷：每组 8—10 次，共 3—4 组。

4. 下肢拉

（1）实心球 —— 硬拉

动作要领：学生呈站姿，双手持实心球在体前，双脚略宽于肩，脚尖朝前，目视前方。听到信号后，主要进行屈膝屈髋动作，将实心球移动至接近地面，整个过程屈髋角度大于屈膝角度，同时后背绷直，保持 2—3 秒后，再回到起始位置。重复至规定次数。

注意事项：后背绷直，避免出现弯腰驼背的代偿动作。

练习负荷：每组 8—10 次，共 3—4 组。

（2）实心球——单腿 RDL[1]

动作要领：学生呈站姿，一只手持实心球，另一只手保持平衡，以持重物的异侧腿支撑，保持平衡，脚尖朝前，目视前方。听到信号后，主要进行屈髋动作，将实心球移动至接近地面，整个过程膝关节角度基本保持不变，同时后背绷直，保持 2—3 秒后，再回到起始位置。重复至规定次数。

注意事项：后背绷直，避免出现弯腰驼背的代偿动作。

练习负荷：每组 8—10 次，共 3—4 组。

① RDL，Romanian Deadlift，罗马尼亚硬拉。

（3）阻力——大腿后屈

动作要领：学生呈俯卧姿势，一条腿弯曲，另一条腿伸直。听到信号后，同伴对屈曲的腿缓慢用力，使其伸直，而本人尽力对抗阻力，完成离心运动。重复至规定次数。

注意事项：与同伴之间的力量要协调好，避免出现拉伤等情况。

练习负荷：每组每侧8—10次，共3—4组。

（4）跪姿前倒

动作要领：学生呈双腿跪姿，同伴手扶其双侧踝关节位置。听到信号后，学生固定膝关节位置，向前倾斜，同时保持髋关节位置平直，完成离心运动。重复至规定次数。

注意事项：前倾速度控制好，避免出现拉伤等情况。

练习负荷：每组每侧8—10次，共3—4组。

第七章
躯干支柱力量

··第一节　躯干支柱力量工作原理··

现代身体运动功能训练揭示，在训练和比赛过程中，所有运动技术都是通过动作来表现的，而身体姿态的控制和动作质量的表现则以躯干支柱力量为基础。

1.加强躯干支柱力量的意义

加强躯干支柱力量能够降低躯干运动的损伤，改善运动效率，提高动力链传递的效率。

（1）降低躯干运动的损伤

肌肉力量为关节提供了动态稳定性。躯干支柱力量动作模式训练能够有效提高躯干支柱的力量。提高躯干核心区域的力量和躯干核心部位的稳定性，一方面可以加强对脊柱这一人体薄弱环节的保护，另一方面，还能够利用核心部位的枢纽作用，为上下肢的发力建立稳定的支点，减小和缓冲末端肢体和关节的负荷，达到预防运动损伤的目的。以腰椎为例，如果髋关节不能移动，腰椎就会移动。髋关节是为灵活性而设计的，腰椎则需要稳定性。当需要灵活性的关节不再灵活，就会使稳定性关节强行移动，产生代偿，变得不稳定，导致疼痛。因此，需要强化躯干核心支柱区域的肌肉力量水平和肌肉力量的平衡，以有效降低躯干运动的损伤。

（2）改善运动效率

躯干支柱力量动作模式训练可以有效提高躯干及其关联部位肌肉的力量、韧带的韧度，进而使躯干支柱部位力量强大。该部位力量的强大可以有效地预防能量损耗，将四肢发达的肌肉力量充分运用到专项运动中，从而提高力量的整体发挥和专项力量的实际应用率，即运动效率。优秀运动员与普通运动员之间的主要区别就在于运动效率不同。研究表明，增强力量训练是改善运动效率的主要手段。

（3）提高动力链传递的效率

躯干常常被认为是人体的中心部位，是产生力量的中心，很多运动都与其功能状况关系密切。它不仅为上肢的运动提供支撑，也是下肢产生的力量传递到上肢的必经环节。躯干核心区域（胸、腰、脊柱）也被视为人体运动链的枢纽，躯干支柱力量被看作肢体运动的主要动力源。当躯干的所有结构都健康、平衡及功能正常时，躯干便是动力链传递中的一个强有力的动力结构，对运动技术具有关键的支持作用。研究表明，运动技术的优劣主要取决于参与该运动时肌肉之间的协作水平和对高速运动中身体重心的控制能力。躯干支柱力量强大、均衡，就为动量的有效传递和末端环节的加速提供了保障。

2. 躯干支柱与人体动力链传递

动力链是探索人体运动时骨骼、关节及相关肌肉的相互作用、理化特性的变化和功能转化规律的科学模式。哈纳万把成年人的身体构想成由上肢、躯干、下肢组成的锥形链接模型。戴维斯把上肢链描述为包括躯干、胸锁关节、肩锁关节和盂肱关节及远端的手臂部分。人体的各部分连在一起，组成一个类似于由链条连接的系统。在这个系统中，某一个环节，即身体的某一部分产生的能量或力，能够被有效地传至下一个环节，这种运动能量／力的传递，就是动力链。人体完成技术动作的过程中，参与完成动作的肢体连成一个"链"，参与完成动作的肢体每个部分则是链上的每个环节。技术动作的完成，依靠动量在各个环节的传递实现。例如摆腿、挥臂、鞭打等单个动作，以及复杂的掷标枪、大力发球、跳起扣球、足球掷界外球等，都涉及人体动力链。其实人体动力链是非常多的，任何两个相连接的环节都可能构成动力链。根据人体机能学，又可以将人体动力学链分为闭动力链和开动力链。

人体运动是动力链的多环节运动，牵一发而动全身，所有的动作都是通过人体环节之间的相互作用来完成的。即使在一个动作中，整体动力链也往往由不同的分链组成。投掷挥动类的动作特别典型：整个链中最著名的就是"双腿—脚—地面"构成的环和自锁窝到指尖形成的肩臂环。以乒乓球击球为例，比赛中的快速击球以蹬地旋转为支撑，利用人体动力链传递的效能，将下肢发出的力量通过髋部、躯干、上肢，最终传递到球拍上，充分地表现出动力链传递的特性。

任何运动都是具有一定顺序的，严格遵守动力链的动量传递原理，即神经系统发出冲动，经传出神经到达支配的骨骼肌，引起骨骼肌收缩，在骨杠杆的作用下引起环节的运动。肌肉之间的协调性直接限制了动作的效率。

脊柱和运动系统的行为一般服从于力学定律。脊柱由前凸、后凸和关

节组成，其运动由韧带、肌肉和关节面所决定。脊柱以特定的方式发挥链式作用，使运动系统的其他部分与之相适应。研究表明，躯干的运动与四肢的运动是紧密联系的，躯干的运动发生在四肢的运动之前。这一结论对指导脊柱功能运动模式具有重要意义。躯干肌肉的协调收缩，使中轴骨骼成为上下肢运动的稳定平台。躯干支柱的功能运动模式主要包括两种：一是为脊柱和骨盆处于最佳位置而致力于躯干肌肉活动的协调和精确控制模式；二是为四肢骨骼杠杆产生最佳力矩和通过躯干肌肉收缩力量、强度和耐力以产生力矩模式。由此可见，躯干支柱是人体动力链的重要环节。

3. 躯干肌肉链的传动效应

人体肌肉筋膜链（如图 7-1 所示）由前表线、后表线、体侧线、螺旋线、前伸线、手臂线六大肌肉链相连组成，这些肌肉链会直接影响人体的结构、功能、体态等。通过提升弱化的肌肉链和放松过于紧张的肌肉链，可以有效地改善各种身体问题，从而提升动作模式的效率。

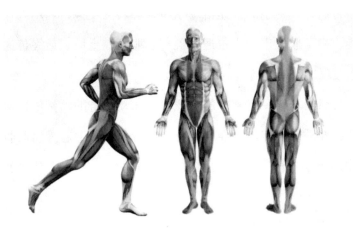

图 7-1 人体肌肉筋膜链

一些具体的体育运动就是利用躯干肌肉链的传动效应进行的。如前所述，乒乓球运动是一种依靠人体蹬踏地面产生的反作用力，通过踝、膝、髋、肩、肘、腕关节等组成的动力链来传递能量，通过控制球拍与球的摩擦将球击回到设想位置，从而有效地进行攻防转换，以达到克敌制胜的隔网对抗性运动项目。有文献指出，在高尔夫球挥杆过程中，躯干核心有三个主要功能：产生力量、传递力量和控制力量。有了身体力量作为基础，有了躯干核心的稳定性作为发力的支点，要做出强悍的挥杆动作，还必须有一个正确的动力链，才能在击球一瞬间将所有这些力量传递到球上。

又如标枪运动的最后发力阶段，三关节依次加速和减速：动量经髋关节和躯干，上传至肩关节，肩关节再传递到手臂和腕关节，保证了出手瞬间达到最大速度。

又如推铅球动作，铅球和身体重心的速度存在依次加速和减速的动量传递。类似的运动项目还很多，例如掷垒球、棒球的投手投球、网球正手击球等。

··第二节　躯干支柱力量训练方法··

动力链传递主要是依靠肩关节、躯干、髋关节三个部位进行传递。通过这三个部位的练习，能够有效提高核心力量，进而优化动作模式，提升动作结构。

1. 肩关节练习

（1）俯卧姿 —— I 字形

动作要领：学生俯卧于垫上，双臂伸直贴近耳朵，与躯干形成 I 字形。听到信号后，双侧肩胛骨向内向下收紧，双臂抬起 2—3 厘米，保持 3—5 秒，回到起始姿势。重复至规定次数。

注意事项：腹肌收紧，肩胛骨收紧后抬起手臂。

练习负荷：每组 8—10 次，共 2—3 组。

（2）俯卧姿 —— Y 字形

动作要领：学生俯卧于垫上，双臂外展 45 度，与躯干形成 Y 字形。听到信号后，双侧肩胛骨向内向下收紧，双臂抬起 2—3 厘米，保持 3—5 秒，回到起始姿势。重复至规定次数。

注意事项：腹肌收紧，肩胛骨收紧后抬起手臂。自然呼吸，不憋气，动作协调用力。

练习负荷：每组 8—10 次，共 2—3 组。

（3）俯卧姿——T字形

动作要领：学生俯卧于垫上，双臂外展90度，与躯干形成T字形。听到信号后，双侧肩胛骨向内向下收紧，双臂抬起2—3厘米，保持3—5秒，回到起始姿势。重复至规定次数。

注意事项：腹肌收紧，肩胛骨收紧后抬起手臂。自然呼吸，不憋气，动作协调用力。

练习负荷：每组8—10次，共2—3组。

（4）俯卧姿 —— W 字形

动作要领：学生俯卧于垫上，屈肘 90 度，形成 W 字形。听到信号后，双侧肩胛骨向内向下收紧，双臂抬起 2—3 厘米，保持 3—5 秒，回到起始姿势。重复至规定次数。

注意事项：腹肌收紧，肩胛骨收紧后抬起手臂。自然呼吸，不憋气，动作协调用力。

练习负荷：每组 8—10 次，共 2—3 组。

（5）站姿 —— L-Y 字形

动作要领：学生呈站姿，挺胸抬头，背部平直，双手臂自然放于身体两侧。听到信号后，双侧肩胛骨向内向下收紧，肘部上抬至屈肘 90 度，然后前臂向上抬起形成 L 字形，然后双臂向上伸直与躯干形成 Y 字形，回到起始姿势。重复至规定次数。

注意事项：腹肌收紧，肩胛骨收紧后抬起手臂。自然呼吸，不憋气，动作协调用力。

练习负荷：每组 8—10 次，共 2—3 组。

（6）弹力带——斜上拉

动作要领：弹力带一端固定，学生呈站姿，双手持弹力带。听到信号后，用力将弹力带拉向肩部两侧，保持 5 秒后，再缓慢回到起始姿势。重复至规定次数。

注意事项：躯干稳定，避免出现晃动，产生动作代偿。

练习负荷：每组 8—10 次，共 2—3 组。

（7）弹力带——后拉

动作要领：弹力带一端固定，学生呈站姿，双手持弹力带。听到信号后，用力将弹力带拉向胸部两侧，保持 5 秒后，再缓慢回到起始姿势。重

复至规定次数。

注意事项：躯干稳定，避免出现晃动，产生动作代偿。

练习负荷：每组 8—10 次，共 2—3 组。

（8）弹力带 —— Y 字形拉

动作要领：弹力带一端固定，学生呈站姿，双手持弹力带。听到信号后，保持手臂伸直用力将弹力带拉向肩关节两侧，形成一个 Y 字形，保持 5 秒后，再缓慢回到起始姿势。重复至规定次数。

注意事项：躯干稳定，避免出现晃动，产生动作代偿。

练习负荷：每组 8—10 次，共 2—3 组。

（9）弹力带 —— A 字形拉

动作要领：弹力带一端固定，学生呈站姿，双手持弹力带。听到信号后，用力将弹力带拉向髋关节两侧，形成一个 A 字形，保持 5 秒后，再缓慢回到起始姿势。重复至规定次数。

注意事项：躯干稳定，避免出现晃动，产生动作代偿。

练习负荷：每组 8—10 次，练习 2—3 组。

2. 躯干练习

（1）腹桥

动作要领：学生呈俯卧姿势，双腿并拢或分开，以双脚和双肘撑于地面，保持臀肌、腹肌收紧，身体从头到脚在一条直线上，保持相应时间。

注意事项：腹部和臀部收紧，从头到脚呈一条直线。自然呼吸，无需憋气。

练习负荷：每组 30—45 秒，共 3—4 组。

（2）侧桥

动作要领：学生呈侧卧姿势，双脚前后开置或并脚支撑，以肘（或手）和双脚支撑，髋部抬起，身体呈直线，保持相应时间。

注意事项：腹部和臀部收紧，从脚到头呈一条直线。自然呼吸，无需憋气，控制身体的平衡。

练习负荷：每组30—45秒，共3—4组。

（3）正向——蜘蛛爬

动作要领：学生呈俯跪姿势，手臂伸直，屈膝屈髋呈90度。听到信号后，向前缓慢移动爬行，至规定距离。

注意事项：移动过程中重心稳定，后背绷直，避免弯腰驼背。

练习负荷：每组 10—15 米，共 3—4 组。

（4）侧向 —— 蜘蛛爬

动作要领：学生呈俯跪姿势，手臂伸直并拢，双腿伸直打开。听到信号后，侧方向缓慢移动爬行，至规定距离。

注意事项：移动过程中重心稳定，后背绷直，避免弯腰驼背。

练习负荷：每组 10—15 米，共 3—4 组。

（5）平板支撑 —— 手肘变化

动作要领：学生呈平板支撑姿势。听到信号后，两侧手臂依次从曲臂状态变成直臂状态，再恢复起始姿势，重复至规定时间。

注意事项：手掌与手肘交替支撑时要注意保持身体稳定，脊柱保持伸直状态。

练习负荷：每组 30—45 秒，共 3—4 组。

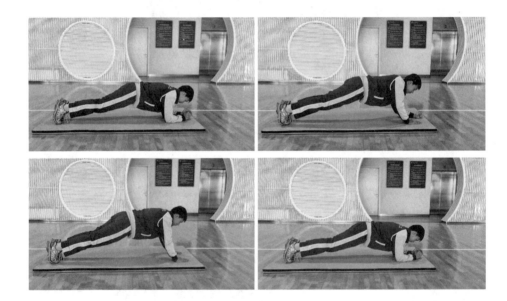

（6）登山步

动作要领：学生呈俯卧撑姿势。听到信号后，手臂位置不动，双腿依次蹬地提膝做登山动作，至规定时间。

注意事项：做动作时后背绷直，提膝时踝关节跖屈。

练习负荷：每组 30—45 秒，共 3—4 组。

（7）卷腹

动作要领：学生呈仰卧姿势，双手放于大腿前侧，屈膝屈髋，全脚掌着地。听到信号后，用力收腹，双手指尖到达膝关节位置后，保持2秒，回落。重复至规定时间。

注意事项：保持腰椎段贴近地面，颈椎与胸椎段保持平直。

练习负荷：每组30—45秒，共3—4组。

（8）仰卧推举成桥

动作要领：学生呈仰卧姿势，双手放于肩关节正下方，屈膝屈髋，双脚踏实地面。听到信号后，双脚和双手同时发力，身体向上拱起成桥状，保持相应时间。

注意事项：推举成桥时，头部要后仰，身体保持平衡。

练习负荷：每组 30—45 秒，共 3—4 组。

（9）跪跳起

动作要领：学生跪坐于垫子上。听到信号后，双腿腿面压垫，双手摆臂向上跳起，收腿收腹，呈并腿半蹲姿势。重复至规定次数。

注意事项：腾空时要保持后背绷直，用力跪跳时双手摆臂协调。

练习负荷：每组 8—10 次，共 3—4 组。

3. 髋关节练习

（1）双腿臀肌桥

动作要领：学生呈仰卧姿势，两手置于体侧，双腿与肩同宽并弯曲呈90度，脚跟着地，脚尖勾起。听到信号后，肩关节位置保持不变，髋关节用力向上方顶起，保持2秒后，恢复起始位置。重复至规定次数。

注意事项：腹肌收紧，在髋关节上抬至最高位置时，保持髋关节平直状态。

练习负荷：每组15—20次，共3—4组。

（2）小篮球 —— 双腿臀肌桥

动作要领：学生呈仰卧姿势，两手置于体侧，双腿与肩同宽并弯曲呈90度，脚跟着地，脚尖勾起，大腿内侧夹住一个小篮球。听到信号后，肩关节位置保持不变，髋关节用力向上方顶起，保持2秒后，恢复起始位置。重复至规定次数。

注意事项：腹肌收紧，在髋关节上抬至最高位置时，保持髋关节平直状态。

练习负荷：每组15—20次，共3—4组。

（3）迷你带 —— 双腿臀肌桥

动作要领：学生呈仰卧姿势，两手置于体侧，双腿与肩同宽并弯曲呈90度，脚跟着地，脚尖勾起，大腿外侧置一个迷你带。听到信号后，肩关节位置保持不变，髋关节用力向上方顶起，保持2秒后，恢复起始位置。重复至规定次数。

注意事项：腹肌收紧，在髋关节上抬至最高位置时，保持髋关节平直状态。

练习负荷：每组15—20次，共3—4组。

（4）上体抬高式 —— 臀肌桥

动作要领：学生呈仰姿倚坐于卧推凳前，两手平放于卧推凳两侧，臀部着地，双腿与肩同宽并弯曲，脚跟着地，脚尖勾起。听到信号后，肩关节位置保持不变，髋关节用力向上方顶起，双腿用力下压，保持髋关节与地面平行，2秒后恢复起始位置。重复至规定次数。

注意事项：在髋关节上抬过程中，臀大肌保持紧张状态。

练习负荷：每组15—20次，共3—4组。

（5）单腿臀肌桥

动作要领：学生呈仰卧姿势，两手置于体侧，单腿弯曲呈90度，另一条腿保持伸直状态，双脚跟着地，双脚尖勾起。听到信号后，肩关节位置保持不变，髋关节用力向上方顶起，保持2秒后，恢复起始位置。重复至规定次数。

注意事项：腹肌收紧，在髋关节上抬至最高位置时，髋关节保持平直状态。

练习负荷：每组每侧10—15次，共3—4组。

（6）上体抬高式 —— 单腿臀肌桥

动作要领：学生呈仰姿倚坐于卧推凳前，两手平放于卧推凳两侧，臀部着地，一侧腿弯曲，脚跟着地，脚尖勾起，另一侧腿伸直，保持悬空状态。听到信号后，肩关节位置保持不变，髋关节用力向上方顶起，支撑腿用力下压，保持髋关节与地面平行，悬空腿保持与地面平行，2 秒后恢复起始位置。重复至规定次数。

注意事项：腹肌收紧，在髋关节上抬至最高位置时，髋关节保持平直状态。

练习负荷：每组每侧 10—15 次，共 3—4 组。

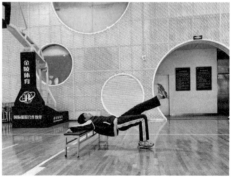

（7）仰卧姿 —— 手脚支撑

动作要领：学生呈仰姿坐在垫上，双腿弯曲，脚跟触地，脚尖勾起，双手置于身体两侧撑地。听到信号后，髋部向上顶起，脚跟和双手支撑身体，头、肩、躯干和大腿呈一条直线，臀肌、腹肌收紧，身体保持稳定相应时间后恢复起始位置。重复至规定次数。

注意事项：在髋关节上抬过程中，臀大肌随时保持紧张状态，肩关节需要保持垂直状态。

练习负荷：每组 10—15 次，共 3—4 组。

（8）跪撑伸髋

动作要领：学生呈双肘伸直且双膝跪于地面的姿势，腹部收紧。听到信号后，保持一条腿屈膝，向上举起另一条腿，保持 2 秒后，恢复起始姿势，然后换另外一侧。重复至规定次数。

注意事项：腹肌收紧，在伸展髋关节至最高位置时，臀大肌保持紧张状态。

练习负荷：每组 10—15 次，共 3—4 组。

（9）跪撑展髋

动作要领：学生呈双肘伸直且双膝跪于地面的姿势，腹部收紧。听到信号后，保持一条腿屈膝，侧向慢慢抬起另一条腿至最大位置后，保持2秒，再恢复起始姿势，然后换另外一侧。重复至规定次数。

注意事项：在髋关节上抬过程中，避免出现弓背塌腰现象。

练习负荷：每组10—15次，共3—4组。

（10）跪撑绕环

动作要领：学生呈双肘伸直且双膝跪于地面的姿势，腹部收紧。听到信号后，保持一条腿屈膝，另一条腿向后伸直，顺时针画圈，至规定时间，再换另一侧腿继续练习。重复至规定次数。

注意事项：在髋关节上抬绕圈过程中，尽量控制幅度，身体重心稳定。

练习负荷：每组 10—15 次，共 3—4 组。

第八章
恢复与再生

··第一节 恢复与再生技术··

1.恢复与再生技术的概念

在传统运动训练过程中，恢复与再生被认为是十分重要的部分。现在我们认识到，事实上它决定着训练。如果没有适宜的恢复与再生，肌肉骨骼系统将不能为下一次训练或随后的比赛做好准备，进而将影响运动员正常的训练和比赛。所以恢复与再生是训练中必不可少的一个环节。

恢复是通过适当的身体活动和适宜的补给，缓解运动员在生理和心理方面因大量训练和比赛产生的疲劳，加快机体的复原。

再生是通过有目的、有计划的训练，帮助运动员从沉重疲劳的训练中恢复过来，相当于对机体的维修和保养。

2.恢复与再生技术

恢复与再生技术包含静态拉伸和按摩两种，此外重点介绍按摩。

按摩是用手法或器械作用于人体体表的特定部位，以调节机体生理、病理状况，达到理疗目的的方法。运动后按摩所采用的手法、用力的大小、时间的长短等，均应根据对象的体质、性别、运动项目的特点，特别是要根据运动后的身体情况来决定。按摩是一种非常好的放松方式，可以保护软组织的结构，提高血液和淋巴系统的循环，放松紧张的结缔组织，最终使全身都得到一种总体的放松。

按摩有两种方式：

一是自我按摩。工具有按摩棒、泡沫轴、TP 球、医疗用球、双手、水疗院的强力喷头。

二是专门的按摩师按摩。他们会用一些器械帮助，进行深层的按摩。按摩项目包括肌肉筋膜的放松、关节的按摩、痛点的按摩、肌肉表面的整体按摩等。

泡沫轴（如图 8-1 所示）自我按摩是练习者利用自身重量与泡沫轴相互作用而产生的压力，施加于练习者的肌肉及筋膜等软组织上，使练习者过于紧张的肌肉及筋膜产生放松的训练方式。它不仅能延展肌肉和肌腱，松解软组织粘连和疤痕组织，还能够增加血液循环。

图 8-1　泡沫轴

按摩棒（如图 8-2 所示）是用于肌筋膜放松、深层组织按摩的一种器械。其上脊状线的设计，有助于作用在表层和深层组织。按摩棒把手还有助于扳机点的放松。主动或被动按摩均可运用按摩棒，有助于改善特定区域的血液流量与循环，也有助于通过抑制疼痛传导通路，提升肌肉温度，增强肌肉延展性。

图 8-2 按摩棒

按摩球（如图 8-3 所示）一般采用 PVC 材料制作而成，也可用网球或高尔夫球代替。用按摩球按摩能减少肌肉紧张，提高骨盆、大腿、小腿以及特定关节的柔韧性。正确使用按摩球可以有效地进行自我按摩或者肌肉放松，提升按摩的效果。

图 8-3 按摩球

··第二节 恢复与再生动作练习方法··

小学生在运动后的恢复阶段器材使用较少，因此，本节主要依据肌筋膜梳理和肌肉放松原理，来对训练后的恢复与再生练习进行分类，分为肌筋膜放松、扳机点放松、静态牵拉这三大类。

1. 肌筋膜放松

（1）泡沫轴 —— 小腿三头肌

动作要领：学生呈坐姿，将泡沫轴置于一侧小腿三头肌下方位置，双臂在身后支撑。通过移动双手或臀部来使泡沫轴在小腿踝关节至腓肠肌位置滚动，至规定时间。

注意事项：可增加滚动难度，即两腿交替重叠，来提高滚动压力。

练习负荷：每组每侧 30—45 秒，共 3—4 组。

（2）泡沫轴 —— 胫骨前肌

动作要领：学生呈跪姿，将泡沫轴置于小腿靠近踝关节位置的下方，双臂保持支撑状态。双腿屈髋屈膝，双手推地，带动身体移动，使泡沫轴在胫骨前肌位置滚动至规定时间。

注意事项：如果出现了酸痛点，就在相应位置停留 5—10 秒，再继续滚动。

练习负荷：每组每侧 30—45 秒，共 3—4 组。

（3）泡沫轴 —— 腘绳肌群

动作要领：学生呈坐姿，将泡沫轴置于大腿后侧中间位置，双臂在身后支撑。膝关节伸直，双手推地，使泡沫轴在腘绳肌群位置滚动，至规定时间。

注意事项：如果出现了酸痛点，就在相应位置停留 5—10 秒，再继续滚动。

练习负荷：每组每侧 30—45 秒，共 3—4 组。

（4）泡沫轴 —— 股四头肌

动作要领：学生呈俯卧姿，将泡沫轴置于大腿前侧中间位置，双臂保持支撑状态。膝关节伸直，双手推地，使泡沫轴在股四头肌位置滚动，至规定时间。

注意事项：如果出现了酸痛点，就在相应位置停留 5—10 秒，再继续滚动。

练习负荷：每组每侧 30—45 秒，共 3—4 组。

（5）泡沫轴 —— 内收肌群

动作要领：学生呈俯卧姿，一腿侧抬 90 度，将泡沫轴置于大腿内侧中间位置，双手肘关节撑地。双手推地，使泡沫轴在内收肌群位置滚动，至规定时间。

注意事项：如果出现了酸痛点，就在相应位置停留 5—10 秒，再继续滚动。

练习负荷：每组每侧 30—45 秒，共 3—4 组。

（6）泡沫轴 —— 髂胫束

动作要领：学生呈直腿侧卧姿，双脚并拢，将泡沫轴置于大腿外侧中间位置，双手支撑地面。通过推地，使泡沫轴在髂胫束位置滚动，至规定时间。

注意事项：如果出现了酸痛点，就在相应位置停留5—10秒，再继续滚动。

练习负荷：每组每侧30—45秒，共3—4组。

（7）泡沫轴 —— 臀大肌

动作要领：学生呈坐姿，屈膝屈髋，一侧腿交叉放于另一侧腿上面，将泡沫轴置于抬起的这条腿的臀部位置，双手在身后撑地。双手推地，使泡沫轴在臀大肌位置滚动，至规定时间。

注意事项：如果出现了酸痛点，就在相应位置停留5—10秒，再继续滚动。

练习负荷：每组每侧30—45秒，共3—4组。

（8）泡沫轴 —— 上背部

动作要领：学生呈仰卧姿，挺髋直背，双手交叉放于胸前，将泡沫轴置于胸椎段。通过蹬地发力，使泡沫轴在上背部位置滚动，至规定时间。

注意事项：如果出现了酸痛点，就在相应位置停留5—10秒，再继续滚动。

练习负荷：每组30—45秒，共3—4组。

（9）泡沫轴 —— 背阔肌

动作要领：学生呈侧卧姿，位于下方的手臂向头部方向伸直，将泡沫轴置于腋下位置。通过蹬地发力，使泡沫轴在背阔肌位置滚动，至规定时间。

注意事项：如果出现了酸痛点，就在相应位置停留 5—10 秒，再继续滚动。

练习负荷：每组每侧 30—45 秒，共 3—4 组。

2. 扳机点放松

（1）棒球 —— 足底筋膜

动作要领：学生呈站姿，将棒球置于足弓位置，并把重心放于其上，调整好位置找到酸痛点，通过小幅度移动，对足底筋膜进行放松，至规定时间。

注意事项：根据自身实际情况，确定按压的力度。

练习负荷：每组每侧30—45秒，共3—4组。

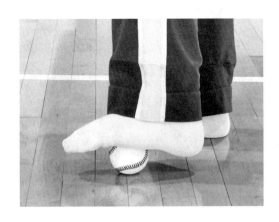

（2）棒球 —— 比目鱼肌

动作要领：学生呈坐姿，双臂在身后支撑，将棒球置于比目鱼肌位置，并把重心放于其上，调整好位置找到酸痛点，通过小幅度移动来对其进行放松，至规定时间。

注意事项：根据自身实际情况，确定按压的力度。

练习负荷：每组每侧30—45秒，共3—4组。

（3）棒球——股内侧肌

动作要领：学生呈俯卧姿，一侧腿抬 90 度，将棒球置于靠近膝关节的股内侧肌位置，保持位置不动，通过屈伸膝关节来对其进行放松，至规定时间。

注意事项：根据自身实际情况，确定按压的力度。

练习负荷：每组每侧 30—45 秒，共 3—4 组。

（4）棒球 —— 阔筋膜张肌

动作要领：学生呈侧卧姿，一侧手肘关节撑地，将棒球置于骨盆外侧，并把重心放于其上，调整好位置找到酸痛点，通过小幅度移动来对阔筋膜张肌进行放松，至规定时间。

注意事项：根据自身实际情况，确定按压的力度。

练习负荷：每组每侧30—45秒，共3—4组。

（5）棒球 —— 股直肌

动作要领：学生呈俯卧姿，双手肘关节撑地，将棒球置于大腿前侧中间位置，并把重心放于其上，调整好位置找到酸痛点，通过小幅度移动来对股直肌进行放松，至规定时间。

注意事项：根据自身实际情况，确定按压的力度。

练习负荷：每组每侧30—45秒，共3—4组。

（6）棒球——臀中肌

动作要领：学生呈坐姿，屈膝屈髋，一侧腿交叉放于另一侧腿上面，将棒球置于抬起的这条腿的臀部位置，双手在身后撑地。双手推地，使棒球在臀中肌位置滚动，至规定时间。

注意事项：根据自身实际情况，确定按压的力度。

练习负荷：每组每侧30—45秒，共3—4组。

（7）棒球 —— 髂腰肌

动作要领：学生呈俯卧姿，双手肘关节撑地，将棒球置于髂窝位置，并把重心放于其上，调整好位置找到酸痛点，通过小幅度移动来对髂腰肌进行放松，至规定时间。

注意事项：根据自身实际情况，确定按压的力度。

练习负荷：每组每侧30—45秒，共3—4组。

（8）棒球 —— 竖脊肌

动作要领：学生呈仰卧姿，挺髋直背，双手交叉放于胸前，将棒球置于胸椎段与肩胛骨中间。通过蹬地发力，使棒球在竖脊肌位置滚动，至规定时间。

注意事项：根据自身实际情况，确定按压的力度。

练习负荷：每组每侧30—45秒，共3—4组。

（9）棒球 —— 胸小肌

动作要领：学生呈俯卧姿，一侧手臂肩关节外展 90 度，将棒球置于胸部靠外侧上部的位置。通过移动身体，使棒球在胸小肌位置滚动，至规定时间。

注意事项：根据自身实际情况，确定按压的力度。

练习负荷：每组每侧 30—45 秒，共 3—4 组。

3. 静态牵拉

（1）肱三头肌拉伸

动作要领：学生呈站立姿，抬头挺胸，一侧肘关节屈曲，抬手臂直至肘部靠近耳朵位置，另一侧手牵拉对侧肘关节，直到肱三头肌有适度的拉伸感，至规定时间。

注意事项：后背绷直，避免弯腰驼背。

练习负荷：每组每侧50—60秒，共3—4组。

（2）腹直肌拉伸

动作要领：学生呈俯卧姿，双手伸直撑地，保持下肢及髋关节贴近地面。头部后仰，手向身体后方移动，直到腹直肌有中等程度的牵拉感，至规定时间。

注意事项：根据自身能力大小，对手掌位置进行调整。

练习负荷：每组50—60秒，共3—4组。

（3）腹斜肌拉伸

动作要领：学生呈俯卧姿，双手伸直撑地，保持下肢及髋关节贴近地面。躯干随头部向一侧后方转动，手向身体后方移动，直到腹斜肌有中等程度的牵拉感，至规定时间。

注意事项：根据自身能力大小，对手掌位置进行调整。

练习负荷：每组每侧 50—60 秒，共 3—4 组。

（4）腰方肌拉伸

动作要领：学生呈坐姿，双腿伸直分开，背部平直。一侧手臂扶住另一侧骨盆固定，另一侧手臂向上伸直朝对侧弯曲，直到腰方肌位置有中等

程度的拉伸感，至规定时间。

注意事项：后背绷直，避免出现代偿动作。

练习负荷：每组每侧 50—60 秒，共 3—4 组。

（5）髂腰肌拉伸

动作要领：学生呈半跪姿，跪着的腿髋关节平直，膝关节屈曲 90 度，同侧的手臂用力向上伸出，同时收紧臀部，直到髂腰肌有中等适度的拉伸感，至规定时间。

注意事项：后背绷直，避免出现代偿动作。

练习负荷：每组每侧 50—60 秒，共 3—4 组。

（6）梨状肌拉伸

动作要领：学生呈仰卧姿，将左侧踝关节放于右侧膝关节上方，保持头部及躯干紧贴地面。双手抱住右侧大腿后部，将右侧腿拉向身体，直到梨状肌有中等程度的拉伸感，至规定时间。

注意事项：翘起的腿尽量外旋，增强牵拉感觉。

练习负荷：每组每侧50—60秒，共3—4组。

（7）臀大肌拉伸

动作要领：学生呈仰卧姿，一条腿屈膝屈髋，双手抱住，另一条腿伸直，保持头部及身体紧贴地面。将腿拉向胸部，直到臀大肌有适当程度拉伸感。

注意事项：后背保持平直，避免出现代偿动作。

练习负荷：每组每侧50—60秒，共3—4组。

（8）腘绳肌群拉伸

动作要领：学生呈跨栏坐姿，一条腿伸直，另一条腿弯曲。双手用力去够伸直的腿，保持勾脚尖的状态，直到腘绳肌群产生适度的拉伸感，至规定时间。

注意事项：根据自身能力大小调整发力。

练习负荷：每组每侧 50—60 秒，共 3—4 组。

（9）股四头肌拉伸

动作要领：学生呈俯卧姿，一条腿向上弯曲，另一条腿伸直，双手扶住弯曲腿踝部。将弯曲的腿拉向臀部，直到股四头肌有适当的牵拉感，至规定时间。

注意事项：要根据自身能力大小调整发力。

练习负荷：每组每侧 50—60 秒，共 3—4 组。

（10）小腿三头肌拉伸

动作要领：学生呈站姿，一侧前脚掌贴于墙上，脚后跟置于地面，另一侧腿保持平衡。用力伸直靠墙的腿，直到小腿三头肌有适当的拉伸感，至规定时间。

注意事项：根据自身能力大小调整发力。

练习负荷：每组每侧 50—60 秒，共 3—4 组。

第九章

青少年健康体能教案：增加肌肉力量训练

··第一节 教学设计理念··

为贯彻中共中央、国务院《关于加强青少年体育增强青少年体质的意见》，以改善学生体质健康状况为根本目标，保证学生的体育锻炼时间和强度，本节课将体能训练方法与学生体质情况相结合，有针对性地发展学生的运动能力。我们通过对小学生俯卧撑、立卧撑等相关力量测试的观察，发现小学生的肌肉力量相对较差，于是以此为基础，设计增加肌肉力量的教学方法，以提高学生的肌肉力量，增强学生的爆发力。

··第二节 教学背景分析··

一、教学内容与教材分析

增肌，指的是增加人体中肌肉的含量和力量。肌肉力量的增加主要体现在两个方面：一方面是增加肌肉维度，让肌纤维的体积变粗；另一方面是增强神经与肌肉之间的连接，从而使运动神经元在运动过程中调动更多的肌纤维参与运动。

小学生年龄未到青春发育期，无法合成肌肉肥大所需要的睾酮素或生长激素等。因此对于这个年龄段的学生，肌肉力量增加更多指向神经肌肉系统的优化，即更多运动单位的同步化与募集、运动单位频率编码的增加

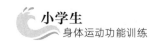

和神经肌肉系统的自发性抑制等。

结合小学生的年龄特点及教师实际教学过程中的心得，增肌训练主要有以下目的：优化学生神经肌肉系统，提高学生运动神经元支配肌纤维运动的能力；降低小学生运动过程中由于对抗性的出现而引起的运动损伤；提高小学生的瞬时爆发力，同时增强其肌肉做功的效率；增强小学生的快速反应能力，促进学生神经系统的健康发展。

本节课为新授课，教材内容为无器械的增肌训练模块练习，练习内容包括神经激活练习、连续纵跳练习、爆发力练习、下肢摆动练习等力量练习。为提高学生的练习兴趣和积极探索精神，本节课设计以下教学内容：神经激活练习、爆发力练习、基础力量练习、力量与速度相结合的游戏练习、放松练习。

二、学生情况分析

本节课教学对象为四年级学生，人数 32 人。该年龄段学生处于力量素质发展的敏感前期。通过对班级学生进行简单调查后发现，他们的仰卧起坐成绩相对较差，优秀率仅为 46%，且有 5 名学生 BMI 指数超标。

针对学生身体特点，本节课主要采用简单易行的力量训练方法，使学生既能快速学会，保持适当的学习积极性，也能根据这些简单的力量训练方法，创造出符合自身情况的新颖的训练内容，进一步提高练习参与度。

针对学生心理特点，本节课主要采用多名同学之间的竞争小练习来提高学生对动作的控制力。对于个别较难的动作，教师进行动作示范，让学生能够观察与学习。

··第三节　教学计划··

年级：四年级　人数：32　课次：4/5

教材内容	增肌训练模块练习	教学重、难点	教学重点：力量练习时的动作用力分配。 教学难点：力量练习时身体动作协调统一。

教学目标	认知目标：使学生对增肌训练有较为深入的认识，努力使其形成终生体育锻炼的习惯。 技能目标：使学生基本掌握增肌训练中相关的练习方法，使学生学会增肌的相关动作要点。 情感目标：培养学生勇于克服自身能力的弱点、不畏困难的坚强意志品质。

教学过程	教学时间	教学内容	次数	时间	组织教法与要求
开始部分	2′	**一、课堂常规** 1. 体育委员整队。 2. 师生问好。 3. 体育委员报告人数。 4. 教师检查服装，安排见习生。 **二、队列队形** 1. 两臂前平举向前看齐。 2. 向前齐步走。	1—2	1′	组织：四列横队。 教法： 1. 学生精神饱满，集合动作快、静、齐。 2. 队列练习动作规范，学生声音洪亮。 要求：快、静、齐。

（续表）

教学过程	教学时间	教学内容	次数	时间	组织教法与要求
准备部分	6′	**一、热身跑** 1. H字形慢跑 2. 振臂运动—慢跑 3. 后踢腿运动慢跑 4. 侧向移动运动慢跑 **二、动态拉伸** 1. 臀大肌拉伸 2. 臀中肌拉伸 3. 髂胫束拉伸 4. 股直肌拉伸 5. 弓步转体摸脚尖 6. 弓步转身拉伸	1—2 1—2 1—2 1—2 4×8拍	1′ 1′ 1′ 1′ 2′	组织：四列横队。 教法：教师哨声指挥。 要求：动作幅度适度，口号响亮。 动作要求： 教法：教师对动作进行简单讲解和动作示范，使学生形成适当的动作幅度，达到拉伸的效果。 要求：精神饱满，动作舒展，每个动作保持5秒再换另外一侧。
基本部分	29′	**一、神经激活练习** 1. 双腿前后快速跳 学生呈站姿，听到信号后，快速进行前后双脚同时快速跳跃，至规定时间。20秒1组，共3组，组间休息15秒。	3—4	2—3′	组织：八路纵队。 动作要求： 教法： 1. 教师针对动作内容进行讲解示范。 2. 学生自主练习1—2组，教师进行监督提示。 3. 学生根据教师的指导再次练习1—2组。 要求：在快速跳跃的过程中要保持躯干的稳定性，避免由于失去重心而摔倒。

（续表）

教学过程	教学时间	教学内容	次数	时间	组织教法与要求
		2. 指方向碎步跑 学生呈站姿，听到信号后，快速进行原地小碎步踏步，教师用手指定方向，学生向规定的方向移动，至规定时间。 20秒1组，共3组，组间休息15秒。	3—4	2—3′	动作要求： 教法： 1. 教师针对动作内容进行讲解示范。 2. 学生自主练习1—2组，教师进行监督提示。 3. 学生根据教师的指导再次练习1—2组。 要求：学生要时刻关注教师所指的方向，提高专注力，在移动过程中要注意小碎步的频率。
		3. 快速高抬腿运动 学生呈站姿，听到信号后，快速进行高抬腿练习，至规定时间。 20秒1组，共3组，组间休息15秒。	3—4	2—3′	动作要求： 教法： 1. 教师针对动作内容进行讲解示范。 2. 学生自主练习1—2组，教师进行监督提示。 3. 学生根据教师的指导再次练习1—2组。 要求：在进行练习时，要保持躯干直立，抬腿时保持腿部抬起高度，且频率一定要快。
		二、爆发力练习 1. 小栏架——连续左右跳 学生呈基本运动姿，小栏架呈一字形。听到信号后，开始进行连续左右跳，至规定次数。 5次为1组，共4组，组间休息30秒。 教学重点：连续跳跃时腿部蹬地发力。 教学难点：跳跃过程中姿态的稳定控制。	3—4	2—3′	动作要求： 教法： 1. 教师针对动作内容进行讲解示范。 2. 学生自主练习1—2组，教师进行监督提示。 3. 学生根据教师的指导再次练习1—2组。 要求：在连续跳跃时，要控制好躯干的稳定性，落地缓冲后迅速跳起，适当减少缓冲时间。

（续表）

教学过程	教学时间	教学内容	次数	时间	组织教法与要求
		2. 小栏架——前后左右跳 学生呈基本运动姿，小栏架呈四方形。听到信号后，开始进行前后左右的连续跳跃，至规定次数。 5次为1组，共4组，组间休息30秒。 教学重点：连续跳跃时腿部蹬地发力。 教学难点：跳跃过程中姿态的稳定控制。	3—4	2—3′	动作要求：  教法： 1. 教师针对动作内容进行讲解示范。 2. 学生自主练习1—2组，教师进行监督提示。 3. 学生根据教师的指导再次练习1—2组。 要求：在跳跃过程中保持躯干的稳定状态，向后跳时要控制好力度，避免出现摔倒的情况。
		3. 小栏架——横向移动跳 学生呈基本运动姿，小栏架呈间隔排列。听到信号后，开始进行横向的连续移动跳跃，至规定次数。 5次为1组，共4组，组间休息30秒。 教学重点：连续跳跃时腿部蹬地发力。 教学难点：跳跃过程中姿态的稳定控制。	3—4	2—3′	动作要求： 教法： 1. 教师针对动作内容进行讲解示范。 2. 学生自主练习1—2组，教师进行监督提示。 3. 学生根据教师的指导再次练习1—2组。 要求：练习时要保持重心的稳定，避免由于躯干稳定性差而出现动作代偿。
		三、基础力量练习 1. 手脚爬行走 学生呈双腿并拢站立。听到信号后直膝体前屈，双脚位置不动，双手触地后向前爬行至最大位置，双脚再向前跟进，依次前行至规定距离。 5米为1组，共4组，组间休息30秒。 教学重点：爬行时手臂持续支撑发力。 教学难点：向前爬行时躯干稳定性的控制。	3—4	2—3′	动作要求： 教法： 1. 教师针对动作内容进行讲解示范。 2. 学生自主练习1—2组，教师进行监督提示。 3. 动作规范的学生进行个人动作展示。 4. 学生根据教师的指导再次练习1—2组。 要求：学生手臂向前移动时要保持膝关节弯曲，双脚保持原来位置；双腿向前移动时，直膝向前移动至与双手保持最近的距离。

（续表）

教学过程	教学时间	教学内容	次数	时间	组织教法与要求
		2. 弹力带——水平开合（单人练习） 学生手持弹力带，呈站姿。听到信号后，手臂前伸与地面平行，向外侧打开，保持2秒后，再恢复起始位置，至规定次数。 15次为1组，共4组，组间休息30秒。 教学重点：打开时手臂稳定发力。 教学难点：打开时身体姿态的稳定维持。	3—4	2—3′	动作要求： 教法： 1. 教师针对动作内容进行讲解示范。 2. 学生自主练习1—2组，教师进行监督提示。 3. 动作规范的学生进行个人动作展示。 4. 学生根据教师的指导再次练习1—2组。 要求：弹力带要保持适当的弹性，在水平开合时要保证手臂与地面平行。
		3. 弹力带——水平后拉（双人配合） 学生两人一组，将弹力带交叠拉直。听到信号后，一名同学保持固定姿势，另一名同学双手用力向后屈肘，至最大动作后，保持5秒，再恢复起始姿势，至规定次数。 15次为1组，共4组，组间休息30秒。 教学重点：后拉时肘关节向后发力。 教学难点：后拉时身体姿态的控制。	2—3	2—3′	动作要求： 教法： 1. 教师针对动作内容进行讲解示范。 2. 学生自主练习1—2组，教师进行监督提示。 3. 动作规范的学生进行个人动作展示。 4. 学生根据教师的指导再次练习1—2组。 要求：在做水平后拉时，固定不动的学生要用手握紧弹力带，避免由于固定位置出现晃动，而增加运动学生的能量损耗。
		4. 弹力带——上举下蹲（双人配合） 学生两人一组，将弹力带交叠拉直。听到信号后，一名同学保持固定姿势，另一名同学双手上举至头顶，开始深蹲，至规定次数。 15次为1组，共4组，组间休息30秒。	2—3	2—3′	动作要求： 教法： 1. 教师针对动作内容进行讲解示范。 2. 学生自主练习1—2组，教师进行监督提示。 3. 动作规范的学生进行个人动作展示。

（续表）

教学过程	教学时间	教学内容	次数	时间	组织教法与要求
		教学重点：下蹲时手臂协调发力。 教学难点：下蹲时身体稳定性的控制。 **四、力量与速度相结合的游戏练习** 翻山越岭冲刺跑 学生分为 8 组，每组面前放置一列小栏架，接下来路线上每组都有 8 个棉包。听到信号后，学生迅速向前，面对小栏架左右连续跳跃 10 次后，向前冲刺至棉包，做 5 个立卧撑，然后拿起一个棉包运回起点，与下一位同学进行接力，最先把棉包运送完成的小组胜利。 规则： 1. 必须完成规定的动作后才能够进行下一项动作。 2. 听信号出发，不能抢跑，不能越线。 3. 动作完成要准确。	3—4	2—3′	4. 学生根据教师的指导，再次练习 1—2 组。 要求：在双手握住弹力带下蹲时，要保持重心稳定，避免由于下蹲速度太快而出现身体前倾的状况。 动作要求： 教法： 1. 教师讲解游戏方法并进行动作示范。 2. 学生分组练习 1—2 次，教师进行动作指导。 3. 在教师的引导下进行游戏练习 1—2 次。 4. 教师总结。 要求：保证动作的准确性，避免为节省时间而出现动作代偿的现象。
结束部分	3′	1. 学生在欢乐的音乐声中进行放松。 2. 教师小结。 3. 布置回收器材。 4. 师生再见。	1—2	3′	组织：四列横队。 要求：1. 充分拉伸。 　　　2. 认真听小结。

（续表）

场地 器材	1. 小栏架 32 个 2. 弹力带 32 个 3. 标志桶 8 个 4. 录音机 1 个	预计运 动负荷	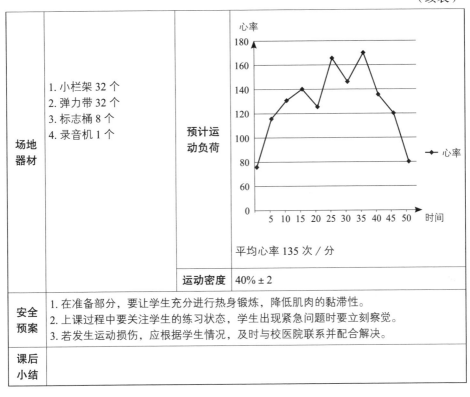 平均心率 135 次／分
		运动密度	40%±2
安全 预案	1. 在准备部分，要让学生充分进行热身锻炼，降低肌肉的黏滞性。 2. 上课过程中要关注学生的练习状态，学生出现紧急问题时要立刻察觉。 3. 若发生运动损伤，应根据学生情况，及时与校医院联系并配合解决。		
课后 小结			

第十章

青少年健康体能教案：
快速伸缩复合训练

··　第一节　教学设计理念　··

为贯彻《"健康中国 2030"规划纲要》，增强学生体质，促进学生身心健康发展，并使学生能够在学校中掌握一种或多种运动技能，本节课将体能训练方法与学生相关运动技能的发力动作特点结合，有针对性地发展学生的运动能力。我们对学生 T 字形跑和立定跳远等爆发力进行测试和观察后发现，小学生的肌肉爆发力需要增强，且在进行立定跳远的过程中，部分学生出现了动作脱节的情况，除了动作要领错误的原因，也存在动力链传递效率较低的因素。本节课设计了小学生的肌肉爆发力教学案例，以期增强学生的肌肉力量和全身爆发力，提高学生运动过程中动力链传递的效率。

··　第二节　教学背景分析　··

一、教学内容与教材分析

小学生骨骼增长速度较快，因未到青春期，肌肉发展速度较慢。快速伸缩复合训练能够加强学生的骨骼与肌肉的连接，增加肌腱的韧性，减少运动过程中因冲击力过大而造成的运动损伤。

学生特点：9—10 岁的小学生大多喜欢运动，但由于运动时间不够，力量素质与肌肉力量并未完全发展。例如从一定高度的障碍物上跳下时，

由于不会使用正确的落地方式，且没有足够的力量来进行缓冲与支撑，出现运动损伤的风险增加。

快速伸缩复合训练能够给学生提供较多的锻炼价值，主要包括：提高学生的动力链传递效率，减少运动中的能量消耗；提高学生的肌肉力量与肌腱的韧性，增强关节的稳定性；促进学生的神经与肌肉之间的连接，增强神经肌肉系统的快速动员能力；增强青少年快速反应能力，促进学生神经系统的健康发展。

本节课的特色与教学策略主要为神经激活，教学内容包括下肢快速伸缩复合训练、上肢快速伸缩复合训练、全身快速伸缩复合训练、速度与耐力相结合的体能游戏。

（二）学生情况分析

本节课教学对象为四年级学生，人数 32 人。该年龄段学生处于快速力量发展的敏感期。在本班学生中有 10 名属于课后训练队学生，有 5 名学生体脂率相对较高。

针对学生身体特点，本节课主要采用低强度的快速伸缩复合训练进行预热。由于这个年龄段学生关节的灵活性较强，一定量的准备练习将能够提高他们的专注度与身体的准备程度。接下来再按下肢、上肢和全身的顺序进行快速伸缩复合训练的设计。

针对学生心理特点，本节课设计了多个挑战环节来增强学生的专注度与注意力。在练习过程中教师采用提问的方式来促进学生的思考，再次加强学生的动作记忆。对于难度较大的动作，教师采用挂图的形式讲解，更为直观地带领学生攻克本节课教学难点。

第三节　教学计划

年级：四年级　人数：32　课次：5/5

教材内容	快速伸缩复合训练	教材重、难点	教学重点：快速伸缩复合训练时的动作协调一致。 教学难点：快速伸缩复合训练时身体协调发力。
教学目标	认知目标：使学生对快速伸缩复合训练的生理学机制有所了解，养成终生体育锻炼的习惯。 技能目标：使90%的学生学会快速伸缩复合训练的动作方法，通过练习体会全身动力链传递的益处。 情感目标：培养学生积极进取、勇于克服困难的能力，使学生学会良性竞争，相互赞许。		

教学过程	教学时间	教学内容	次数	时间	组织教法与要求
开始部分	2′	一、课堂常规 1. 体育委员整队，报告人数。 2. 师生问好。	1—2	2′	组织：四列横队。

（续表）

教学过程	教学时间	教学内容	次数	时间	组织教法与要求
		3.宣布本节课的主要内容，并作课前引导。 4.教师检查服装，安排见习生。 **二、队列队形** 1.三面转法。 2.原地踏步走。	 1—2		要求：队伍快速、安静、整齐，展现优秀的班级面貌。 组织：四列横队。 要求： 1.学生练习时具有良好的精神状态，集合的动作速度要快，安静，整齐划一。 2.队列练习过程中学生腿部抬高适中，声音洪亮，不拖音，且注意力集中。
准备部分	6′	**一、热身跑** 贪吃蛇热身跑 **二、动态拉伸** 1.臀大肌拉伸 2.臀中肌拉伸 3.大腿内侧拉伸 4.燕式平衡拉伸 5.股直肌拉伸 6.最伟大拉伸	1—2 4×8 拍	3′ 3′	组织：四列横队。 教法：教师哨声引导，手势指挥。 要求：动作舒展，注意力集中，控制好跑步呼吸节奏。 动作要求： 教法：教师对动作内容进行简单讲解和动作示范，对动作难度较大的拉伸方法，请动作标准的学生进行展示。 要求：精神饱满，动作舒展，每个动作保持5秒再换另外一侧。
基本部分	29′	**一、神经激活练习** 1.快速高抬腿运动 学生呈运动准备姿势，听到信号后，快速进行高抬腿练习，至规定时间。 20秒一组，共3组，组间休息20秒。	3—4	1—2′	组织：八路纵队。 动作要求：

（续表）

教学过程	教学时间	教学内容	次数	时间	组织教法与要求
		2.双腿前后快速跳 学生呈基本运动姿势，听到信号后，脚后跟抬起，快速进行同时的前后跳跃的练习，至规定时间。 20秒1组，共3组，组间休息20秒。	3—4	1—2′	教法： 1.让学生对上节课的动作内容再次进行练习，过程中教师强调动作的规格和要求。 2.学生按照教师所说的重难点体会后，再次练习1—2组。 要求：做动作时，抬腿高度要适当，动作频率要快。 动作要求： 教法： 1.让学生对上节课的动作内容再次进行练习，过程中教师强调动作的规格和要求。 2.学生按照教师所说的重难点体会后，再次练习1—2组。 要求：跳跃过程中脚后跟不着地，身体重心尽量保持不变。
		二、快速伸缩复合训练 （一）下肢快速伸缩复合训练 1.跳箱——双脚跳上双脚落练习 学生呈基本准备姿势，双手放于身体两侧，听到信号后，第一位学生手臂迅速向上摆动，双脚蹬地，屈髋屈膝落至跳箱上，完成后再双脚向下跳出，稳定落地。 10个1组，共4组，组间休息30秒。 教学重点：跳上后轻巧落地。 教学难点：跳跃过程中身体姿态的稳定。	3—4	2—3′	动作要求： 教法： 1.教师采用直观教学法，对动作进行讲解，强调重难点。 2.学生对新动作模仿练习1—2组。 3.选择动作标准的学生进行动作示范，提高其他学生的练习兴趣。 4.学生再次练习新动作1—2组。 要求：在跳上或跳下时，落地一定要屈膝缓冲，避免直膝着地。

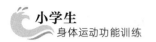

（续表）

教学过程	教学时间	教学内容	次数	时间	组织教法与要求
		2. 跳箱——双脚跳上单脚落练习 学生呈基本准备姿势，双手放于身体两侧，听到信号后，第一位学生手臂迅速向上摆动，双脚蹬地，屈髋屈膝落至跳箱上，完成后再单脚向下跳出，稳定落地。 10 个 1 组，共 4 组，组间休息 30 秒。 教学重点：跳上后轻巧落地。 教学难点：跳跃过程中身体姿态的稳定。	3—4	2—3′	动作要求： 教法： 1. 教师采用直观教学法，对动作进行讲解，强调重难点。 2. 学生对新动作模仿练习 1—2 组。 3. 选择动作标准的学生进行动作示范，提高其他学生的练习兴趣。 4. 学生再次练习新动作 1—2 组。 要求：在单腿落地时要保持躯干的稳定，避免由于躯干晃动过多而影响落地单腿的稳定性。
		3. 跳箱——连续换腿跳练习 学生一条腿在跳箱上，另一条腿在地上，听到信号后，迅速进行换腿的连续跳跃，至规定时间。 45 秒 1 组，共 3 组，组间休息 30 秒。 教学重点：跳跃时用力蹬地。 教学难点：跳跃过程中上下肢协调配合。	3—4	2—3′	动作要求： 教法： 1. 教师采用直观教学法，对动作进行讲解，强调重难点。 2. 学生对新动作模仿练习 1—2 组。 3. 选择动作标准的学生进行动作示范，提高其他学生的练习兴趣。 4. 学生再次练习新动作 1—2 组。 要求：换腿的过程中，利用手臂的上摆协助动作完成。蹬地时要用力向上跳，缓冲落地。
		4. 跳箱——从上向下跳—双脚落练习 学生站在跳箱上，呈运动准备姿势，听到信号后向下跳，双腿屈髋屈膝落地缓冲。重复至规定次数。	3—4	2—3′	动作要求：

（续表）

教学过程	教学时间	教学内容	次数	时间	组织教法与要求
		10个1组，共4组，组间休息30秒。 教学重点：落地后屈膝缓冲。 教学难点：下落过程中身体正确姿态的维持。			教法： 1.教师采用直观教学法，对动作进行讲解，强调重难点。 2.学生对新动作模仿练习1—2组。 3.选择动作标准的学生进行动作示范，提高其他学生的练习兴趣。 4.学生再次练习新动作1—2组。 要求：下落时要保持躯干稳定，避免由于落地代偿动作而出现运动损伤。
		5.跳箱——从上向下跳接向上纵跳练习 学生站在跳箱上，呈运动准备姿势，听到信号后向下跳，双腿屈髋屈膝落地缓冲后，立刻上跳，再落下。重复至规定次数。 10个1组，共4组，组间休息30秒。 教学重点：下落后再上跳时用力蹬地。 教学难点：下落后接上跳时身体协调控制。	3—4	2—3′	动作要求： 教法： 1.教师采用直观教学法，对动作进行讲解，强调重难点。 2.学生对新动作模仿练习1—2组。 3.选择动作标准的学生进行动作示范，提高其他学生的练习兴趣。 4.学生再次练习新动作1—2组。 要求：落地后手臂需要快速地向上摆动，身体垂直向上后缓冲落地，避免出现运动损伤。
		（二）上肢快速伸缩复合训练 1.躯干扭转实心球练习 学生呈坐姿，双腿分开，实心球放于自己身后，听到信号后，扭转身体，双手将球拿到另外一侧身后，停顿后，再从这一侧拿回另外一侧的身后，至规定的时间。 10个1组，共4组，组间休息30秒。	2—3	2—3′	动作要求： 教法： 1.教师采用直观教学法，对动作进行讲解。 2.学生对新动作模仿练习1—2组。 3.选择动作标准的学生进行动作示范，提高其他学生的练习兴趣。 4.学生再次练习新动作1—2组。 要求：在扭转过程中保持躯干的伸直状态。

（续表）

教学过程	教学时间	教学内容	次数	时间	组织教法与要求
		2. 送放实心球练习 学生呈基本准备姿势，实心球放置于跳箱上，听到信号后，学生双手迅速拿起实心球向上跳起落回原地后，把实心球置在原始位置，至规定次数。 10 个 1 组，共 4 组，组间休息 30 秒。	2—3	1—2′	动作要求： 教法： 1. 教师采用直观教学法，对动作进行讲解，强调重难点。 2. 学生对新动作模仿练习 1—2 组。 3. 选择动作标准的学生进行动作示范，提高其他学生的练习兴趣。 4. 学生再次练习新动作 1—2 组。 要求：在拿起放下的过程中，学生要保持身体绷紧状态，避免由于弯腰驼背而发生运动损伤。
		（三）全身快速伸缩复合训练 1. 向上抛实心球练习 学生呈基本准备姿势，双手持实心球，听到信号后，用力向上抛出实心球。重复至规定次数。 10 个 1 组，共 4 组，组间休息 10—15 秒。	2—3	1—2′	动作要求： 教法： 1. 教师采用直观教学法，对动作进行讲解，强调重难点。 2. 学生对新动作模仿练习 1—2 组。 3. 选择动作标准的学生进行动作示范，提高其他学生的练习兴趣。 4. 学生再次练习新动作 1—2 组。 要求：做动作时，学生要学会全身协调发力上抛实心球，在下蹲时要保持后背绷直。
		2. 向前抛实心球练习 学生呈基本准备姿势，双手持实心球，听到信号后，用力向前抛出实心球。重复至规定次数。 10 个 1 组，共 4 组，组间休息 10—15 秒。	2—3	1—2′	动作要求：

（续表）

教学过程	教学时间	教学内容	次数	时间	组织教法与要求
		三、速度与耐力相结合的体能游戏 运物接力 学生4人一组，听到信号后打头的学生双手持实心球向前进行冲刺跑动，绕过标志物后回来与下一位学生进行实心球的换物接力。最快完成的队伍胜利。	2—3	1—2′	教法： 1. 教师采用直观教学法，对动作进行讲解，强调重难点。 2. 学生对新动作模仿练习1—2组。 3. 选择动作标准的学生进行动作示范，提高其他学生的练习兴趣。 4. 学生再次练习新动作1—2组。 要求：做动作时，学生要学会全身协调发力前抛实心球，练习时要保持后背绷直。 动作要求： 教法： 1. 教师对游戏玩法进行讲解和示范。 2. 学生根据教师要求，按组为单位练习1次。 3. 在教师口令下，学生进行游戏，比赛2组。 4. 根据学生完成情况，适当增加游戏动作难度。 要求：交接时要拿稳后才能出发。跑动过程中躯干要绷紧，减少能量损耗。
结束部分	3′	1. 学生在放松的音乐节奏中进行拉伸。 2. 教师对本节课的重难点进行总结。 3. 对体育器材进行合理放置。 4. 师生再见。	1—2	3′	组织：四列横队。 要求：1. 学生进行充分的拉伸放松。 　　　2. 学生认真听取教师小结。

189

（续表）

场地器材	1. 小跳箱 8 个 2. 实心球 8 个 3. 标志桶 8 个 4. 录音机 1 个	预计运动负荷	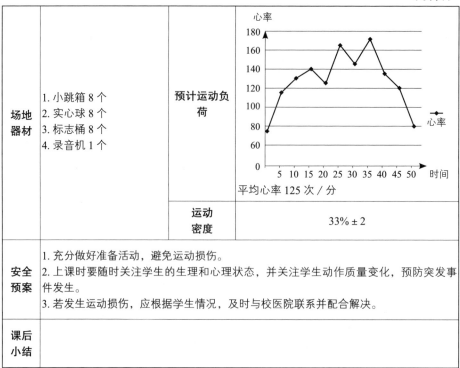 平均心率 125 次 / 分
		运动密度	33% ± 2

安全预案	1. 充分做好准备活动，避免运动损伤。 2. 上课时要随时关注学生的生理和心理状态，并关注学生动作质量变化，预防突发事件发生。 3. 若发生运动损伤，应根据学生情况，及时与校医院联系并配合解决。
课后小结	

附录 1

案例：青少年健康体能练习 ——提升 50 米×8 往返跑能力

随着国家对中小学生的体质健康越来越关注，相应的指导标准和文件也相继出台。在《国家学生体质健康标准（2014 年修订）》中能够发现，小学五、六年级测试项目中有 50 米 ×8 往返跑。说明 50 米 ×8 往返跑能够更准确地反映小学生这一阶段的耐力水平。实际测试过程中发现，这一必测项目反映了小学生体能发展所面临的一个困境。有部分学校为了测试方便，会选择用 400 米跑代替 50 米 ×8 往返跑。但在教学实践过程中可以发现，两种测试形式具有较大的差异，测试结果显示，学生 400 米跑成绩普遍比 50 米 ×8 往返跑更好。由于对 50 米 ×8 往返跑测试认识不足，无法引导小学生形成该年龄段所应具备的体能素质。因此，了解水平三（小学五、六年级）学生的生理特点和相应的健康体能练习方法，具有十分重要的意义。

一、学生生理特点与糖酵解供能系统发展特点

50 米 ×8 往返跑仅存在于水平三小学生的国家体质测试中，这一阶段的小学生所发展的运动能力，对中学体育锻炼与测试有积极的影响。50 米 ×8 往返跑主要由糖酵解供能系统主导，通过分析糖酵解功能系统相关特点，总结教学手段，有助于提高小学生的体质健康水平与科学锻炼意识。

1. 学生生理特点

水平三小学生的年龄分布为 11—12 岁，这个年龄阶段的学生处于青春期前期，或青春期之初。学生在此年龄阶段，身体的骨骼肌肉会发生不同程度的变化。由于骨骼与肌肉均处在生长的敏感期，学生体态往往呈细条状。但是骨骼生长速度快于肌肉，故而小学高年级阶段学生常常会出现骨骼附着点疼痛的情况。这一年龄阶段的学生，激素分泌也处于十分旺盛的状态，单次的体育运动常常会使生长激素大量分泌，而长时间的体育锻炼则能够有效调节学生的激素水平，从而提升骨骼硬度和肌肉维度。

2. 糖酵解供能系统发展特点

糖酵解供能系统是长时间剧烈运动，无法利用氧气供能时所启用的一种供能系统，这一系统通过分解糖原，能够在 30 秒—2 分钟内持续供能，以保证运动强度。一是运动强度的持续时间与糖酵解供能系统水平具有高度正相关性。50 米 ×8 往返跑（五年级男生满分：1 分 36 秒，女生满分：1 分 41 秒；六年级男生满分：1 分 30 秒，女生满分：1 分 37 秒）恰恰需要小学生具备较高的糖酵解供能水平。

发展糖酵解供能水平，最重要的方法是增强学生的无氧耐力，即学生以无氧代谢为主要供能形式，坚持较长时间运动的能力。

二、50 米 ×8 往返跑提升基础练习

在提升基础练习的过程中，要做好充分的热身活动，避免由于仓促投入运动导致拉伤。在运动过程中一定要重视动作模式的正确性，在任何动作增量之前，都必须先学会动作要领和关键点，减少动作代偿。在无氧耐

力锻炼时，必须遵从身体生长发育的客观规律，去除"拔苗助长"式的体育训练习惯，养成循序渐进的锻炼模式。

1. 爆发力练习

在每个折返跑的起点位置，学生都需要从很低的速度开始，加速至最大速度，而这样的加速过程共有 8 次。能够看出：较强的功率输出，即爆发力，可有效提高学生的加速能力，进而缩短 50 米 ×8 往返跑的运动时间。学生只有具备较高的动力链传递效率，才能够将身体所做的功尽可能地转化为动能，减少代偿的出现。下面介绍爆发力的三个练习。

（1）原地纵跳

练习功能：提高肌肉爆发力。

练习器材：无。

起始姿势：学生半蹲姿势准备，双脚略宽于肩，脚尖朝前，后背绷直，目视前方。

练习步骤：听到信号后，开始蹬地，用力垂直上跳，落地时屈膝缓冲，后背始终保持绷直状态。每组 12—15 次，共 2—3 组。

练习指导：跳跃过程中，要通过摆臂来增加跳跃高度。落地时目视前方，能够有效完成后背绷直的体态，进而减少动力能量损耗。

（2）双接触——原地纵跳

练习功能：提高肌肉爆发力。

练习器材：小跳箱。

起始姿势：开始时学生站在小跳箱上，一条腿支撑，另一条腿悬空呈准备姿势。

练习步骤：听到信号后，站在跳箱上的学生靠自重落下，双脚缓冲后迅速摆臂向上纵跳。每组8—10次，共2—3组。

练习指导：在向下落地时，要用前脚掌先接触地面，利用超等长收缩原理，提高下肢的爆发力。

（3）双接触——立定跳远

练习功能：提高肌肉爆发力。

练习器材：小跳箱。

起始姿势：开始时学生站在小跳箱上，一条腿支撑，另一条腿悬空呈准备姿势。

练习步骤：听到信号后，站在跳箱上的学生靠自重落下，双脚缓冲后迅速摆臂向前跳远。每组 8—10 次，共 2—3 组。

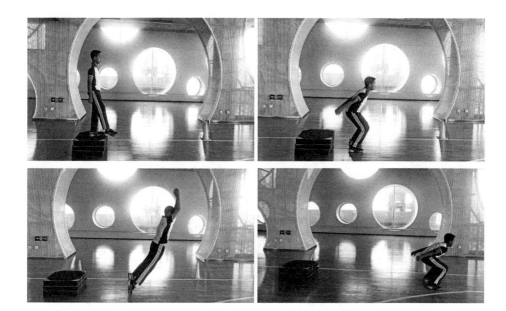

练习指导：在向前跳远的过程中，一定要用力蹬地，同时展髋挺腹，在落地前做到收小腿，脚后跟先着地。

2. 间歇训练

间歇训练是一种在中高强度短时间训练基础上，严格控制休息时间，进而提高青少年糖酵解供能水平的训练。这种训练形式能够有效增进学生的体能储备。间歇训练的练习模式与 50 米 ×8 往返跑相类似，都是通过变换不同节奏来进行练习或比赛。

（1）跳绳＋卷腹＋背起挺身

练习功能：提高无氧耐力。

练习器材：跳绳、垫子。

起始姿势：学生分三组做准备。第一组准备跳绳，第二组仰卧在垫子上准备卷腹，第三组俯卧在垫子上准备背起挺身。

练习步骤：听到信号后，各组分别开始练习。跳绳学生采用单摇形式，前脚掌连续触地。卷腹学生双手放在大腿上，向上运动时手指尖触碰到膝关节即为 1 次。背起挺身学生后背用力，双手和双脚同时离开垫子，保持相应时间。练习达到教师规定的时间后，各组学生换至下一组动作进行练习，3 个动作全部完成后，间歇 1—2 分钟，再次进行练习。共完成 3—4 组。

练习指导：每组学生在完成自己的动作后，要把器材放在原地，直接去下一个练习地点，尽量不要停歇。

（2）立卧撑 + 俯卧姿抬腿 + 俯卧撑

练习功能：提高无氧耐力。

练习器材：无。

起始姿势：学生分三组做准备。第一组准备立卧撑，第二组准备俯卧姿抬腿，第三组准备俯卧撑。

练习步骤：听到信号后，各组分别开始练习。立卧撑学生以俯卧姿势开始，收腿上跳击掌。俯卧姿抬腿学生以俯卧姿势开始，双腿依次向胸前抬腿。俯卧撑学生以俯卧姿势开始，躯干绷直，手臂进行屈伸运动。到达规定时间后，各组学生换至下一组动作进行练习，3 个动作全部完成后，间歇 1—2 分钟，再次进行练习。共完成 3—4 组。

练习指导：练习时后背绷直，做立卧撑时要抬头目视前方进行练习。间歇休息时间可以根据学生的体能状态进行调整。

（3）12 秒 50 米折返跑

练习功能：提高无氧耐力。

练习器材：无。

起始姿势：学生呈起跑准备姿势，双腿前后站立，屈髋屈膝，后背绷直，目视前方。

练习步骤：听到信号后，学生开始进行 50 米的跑步，到达终点后，休息时间是用 12 秒减去消耗时间所得。按照这个间歇时间进行 8 次折返跑练习。共 1—2 组。

练习指导：练习时可根据学生的自身能力来调整总时间的设定，体能较强的学生可以缩短总时间，体能较弱的学生可以增加总时间。

3. 多方向移动练习

对 50 米 ×8 往返跑测试进行动作解构，会发现动作的速度成一个倒 U 字形。速度的变化是对神经肌肉系统的一种考验，每个折返的位置都是移动能力的外显。通过多方向移动练习，能够提升学生的神经肌肉连接，促进其快速反应能力的提高，进而提高学生的 50 米 ×8 往返跑成绩。

（1）T 字形跑

练习功能：提高快速反应能力。

练习器材：4 个锥桶。

起始姿势：学生呈站立式起跑姿势，后背绷直，目视前方。

练习步骤：4 个锥桶摆成 T 字形，每个锥桶之间距离为 10 米。听到信号后，学生开始进行直线加速跑，到达中点后向右侧滑步移动，摸到一个锥桶后，向对面跑，摸对侧锥桶，之后再滑步移动到中点位置，最后采用后退跑形式回到起点。每组 3—4 次，共 1—2 组。

练习指导：可根据学生的能力高低对锥桶之间的位置进行调整。需要用手触摸到锥桶，才能进入下一个移动路线。

（2）L字形跑

练习功能：提高快速反应能力。

练习器材：3 个锥桶。

起始姿势：学生呈站立式起跑姿势，后背绷直，目视前方。

练习步骤：3 个锥桶摆成 L 字形，L 的长边为 10 米，短边为 5 米。听到信号后，学生开始进行直线加速跑，到达拐点时摸锥桶，再后退跑；摸到起点锥桶后，再次向前冲刺，到达拐点锥桶后，侧向滑步至一端，再滑步回到拐点，后退跑回至起点。每组 3—4 次，共 2—3 组。

练习指导：学生要注意每个路线的动作，特别是后退跑时，身体姿态要控制好，避免由于不平衡而出现跌倒受伤等情况。

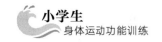

4. 下肢力量练习

下肢关节主要包括髋关节、膝关节、踝关节。在实际运动过程中，下肢力量练习不仅能够提高运动成绩，也能够促进上肢肌肉力量的增长。在50米×8往返跑测试中，下肢肌肉是主动发力肌群，提高下肢力量能够促进该测试成绩的进步。

下肢的动作模式主要有以髋关节为主导的下肢拉动作（如弓步蹲、左右跳跃等）和以膝关节为主导的下肢推动作（如单腿RDL、臀肌桥）。这些练习能够提高学生的下肢肌肉力量，优化动作模式，增强动力链传递效率。

三、50米×8往返跑教学教法的拓展

1. 游戏竞赛教学方法的应用

在教学实践过程中，50米×8往返跑的训练往往受到忽视。有些教师对如何有效开展该项目存在困惑。在教学时，要充分考虑到学生的主体因素，可采用游戏竞赛法，将动作融入比赛中，这样既能够锻炼学生的无氧耐力，也能够提升学生的学练兴趣。

2. 教学方法与学生特点相适应

50米×8往返跑是水平三学生的体测内容，这一阶段学生的特点是心肺功能并未完全发育成熟，因此不能够进行极限强度的训练。该阶段学生的骨骼较为柔软，易弯曲、硬度不高，因此也不建议进行大重量的抗阻练习。在设计具体的练习方法时，应尽量让他们利用自身重量进行锻炼。同时，要严格控制好锻炼与间歇时间。随着训练水平的提高，可以逐渐缩短间歇时间，从而提高其无氧耐力水平，发展他们的糖酵解供能系统。

附录 2

案例：青少年健康体能练习
——身体运动功能健身操

健身操是小学生非常喜爱的一个运动项目。将身体运动功能训练与健身操进行有机结合，既能够提高学生身体素质和运动能力，也能够提高学生练习的兴趣。以下讲解创编健身操的基本原则和实践案例，为体育教师今后的创编提供参考路径。

一、小学生身体运动功能健身操创编原则

1. 科学性原则

小学生身体运动功能健身操的动作编排是将筛选出的身体运动功能训练动作与音乐相结合，形成以增强体质、促进健康为目标的成套动作。编排的科学性是保证小学生顺利完成成套动作的基础。编排的科学性体现在：动作的难度水平要与小学生的运动技能水平相适应；不同练习负荷的动作数量在整套动作中要分布合理、循序渐进，动作结构从小到大，动作模式从简到繁、由易到难；身体与动作方向和时空变化应符合运动规律。

2. 针对性原则

为了更好地实现功能健身操的运动价值，我们应针对身体运动功能训练的特点、小学生身心发展的特点和大课间体育活动的特点，以及小学生身体运动功能健身操的目标等进行编排。这样才能更好地体现出身体运动功能训练的特色和价值，才能有效促进小学生的身心发展，丰富大课间体育活动的内容，满足大课间需要，从而更好地增强学生体质。

3. 可行性原则

想要顺利地开展身体运动功能健身操训练，必须使其编制具有可行性。小学生身体运动功能健身操的主体是小学生，因此无论是动作的难度设计，或者是整体动作的练习负荷，还是动作的编排，都应该具有可操作性，参考小学生的技能水平和特点。脱离了小学生实际能力水平的编排，是舍本逐末、纸上谈兵的行为。一套无法通过小学生的练习而展现的成套动作，无论在创新性上达到何种高度，都注定不会得到学校体育领域和体能训练领域的认可，注定无法实施和体现其价值。

4. 实用性原则

实用性原则要求小学生身体运动功能健身操的编排既能提高学生的运动水平和身体素质，又能帮助学生预防损伤；不仅能增强学生对学校体育练习的兴趣，还能有效促进学生身心的健康发展。在动作筛选方面，要增强动作的趣味性，排除那些难度较高、负荷过大且没有实际效果的动作，选择那些能快速完成且能持续有效增强学生身体素质的动作；在动作实施方面，应该较多考虑学生的特点，提高动作实施的实际效果。

5. 全面性原则

小学体育与健康课程开设的目的在于全面锻炼学生身体，促进学生正常生长发育，使他们形成正确的身体姿势，促进身体素质和身体活动能力的全面发展，促进生理机能的发展；培养学运动的兴趣，使他们养成良好的运动习惯，增强机体对外部环境的适应能力和对疾病的抵抗能力；培养学生的意志品质，对学生进行思想品德教育。因此，小学生身体运动功能健身操的编排应该考虑到小学生身体情况的差异性，关注小学生当前的体质和身心特点，不应只为运动而运动，而是要通过练习实现强身健体的目的，并且培养学生的心理品质，促进他们的心理健康。

二、小学生身体运动功能健身操实践案例

1.健身操具体动作内容

（1）舞蹈式

动作方法：①左腿站立，屈右膝，右脚向后向上，右手成杯状从右脚踝外侧抓住脚背，手距脚趾 3 厘米，手腕在脚内侧，手指在外侧，脚心向上。②膝关节固定住，大腿肌肉收紧，抬起左手臂直至指尖垂直向上，肘伸直，掌心向前。③右脚缓慢向后伸，体前屈，使腹部和左手臂平行于地面。④收左手臂，收右脚，站直，双手自然放置于身体两侧，然后反方向做相同的动作。

主要作用：作用于全身的关节，包括肩膀、肘部、手腕、膝关节、膝盖、脚踝、脊椎。通过舞蹈动作，使关节、韧带更加灵活舒展，使人身心稳定、安宁，并有助于调整体态。

注意事项：预备姿势为收腹、挺胸、直立。共 4 个八拍，两拍一动，左右各 2 个八拍。

（2）燕式平衡

动作方法：①双手握拳，大拇指竖起，双臂前平举，拳心相对，与肩同宽，抬右腿，使小腿垂直于地面，脚绷直，脚尖垂直于地面。②双臂外展，使双臂和肩保持在同一水平面，拳心向前，双臂平行于地面。③右脚脚后跟向后蹬，脚尖向下，右腿伸直，平行于地面。上身前倾，平行于地面，

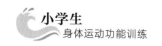

双臂始终与地面平行，肩、髋和右腿保持在同一平面上。④上身回到直立状态，收右脚和双臂，双手自然放置于身体两侧，然后反方向做相同的动作。

主要作用：有效拉长身体肌肉，增大身体活动范围，促进对肌肉和韧带的拉伸刺激，增加肌肉间的协同工作，增强控制能力、平衡能力、调节能力。

注意事项：预备姿势为收腹、挺胸、直立。共4个八拍，两拍一动，左右各2个八拍。

（3）三角伸展式

动作方法：①左脚向左侧迈一步，双脚略比肩宽。②双臂侧平举，与肩齐，手掌朝下，手臂与地面保持平行。③上身向右侧弯曲，右手掌接近右脚，右手掌完全放在地面上，右手指尖垂直于地面。然后向上伸展左臂，与右肩成一条直线，腿后部、后背以及臀部应该在一个平面上，眼睛看向伸展的左手拇指。然后从地面抬起右手掌，恢复到动作②。④上身向左侧弯曲，左手掌接近左脚，左手掌完全放在地面上，左手指尖垂直于地面。然后向上伸展右臂，与左肩成一条直线，腿后部、后背、臀部在一个平面上，眼睛看向伸展的右手拇指。从地面抬起左手掌，恢复到动作②。⑤收双手、左脚，双手自然放置于身体两侧。然后反方向做相同的动作。

主要作用：增强腿部肌肉力量，去除腿部和臀部僵硬状态，纠正腿部畸形，使腿部能均匀地发展。还能缓解背部疼痛以及颈部扭伤，增强踝关节力量，强健胸部。

注意事项：预备姿势为收腹、挺胸、直立。共4个八拍，两拍一动，左右各4个八拍。

（4）后撤交叉步

动作方法：①双手十指交叉握紧于胸前，然后从身体内侧翻转推出，掌心向前，保持十指紧扣。②一只脚向后侧方跨一小步，双腿呈交叉步姿势，双脚处于固定状态。③双膝弯曲成下蹲姿势。④起立，恢复预备姿势，换腿再重复。

主要作用：作用于上肢、腰腹以及下肢，能够拉伸整个身体，促进身体综合能力的发展，预防身体的运动损伤。

注意事项：预备姿势为收腹、挺胸、直立。共 4 个八拍，两拍一动，左右各 2 个八拍。

（5）最伟大拉伸

动作方法：①左腿前弓步。膝关节不能够超过脚尖，左小腿垂直于地面，右腿膝关节保持伸直，躯干保持正直。②保持动作①不变，双手掌触地。③左手不变，右手臂做屈肘下压动作并将肘关节向踝关节方向靠近。④左手指触地，左手臂伸直。屈肘的右手臂向身体上方翻转，转动脊柱，直臂外展指尖向上，双手臂与肩部成一条直线。⑤右手放下，双手撑地。⑥身体重心后移，前腿蹬伸、脚尖勾起，拉伸左腿大腿，左腿伸直、右腿绷直，上身贴近左腿。⑦左腿屈膝，上体直立恢复至弓步姿势。⑧收左腿，恢复至预备姿势。

主要作用：此动作能有效作用于全身各个部位，对身体的各个部位都进行了一定的拉伸，尤其是肌肉和韧带方面，能够有效加强身体的本体感觉，拉长身体肌肉，增加关节脊柱的活动范围，增强身体连续动作的能力，增强身体肌肉间协同工作能力。

注意事项：预备姿势为收腹、挺胸、直立。共 4 个八拍，一拍一动，左右各 2 个八拍。

2. 健身操实践效果分析

小学大课间体育活动大都是集体活动，小学生年纪较小，身体尚未完全发育，心智尚未成熟，学生的体质存在一定的差异性，因此，体育教师在进行小学生身体运动功能健身操的教学时，要注意控制强度和频率，注意因材施教和区别对待。

小学生精力旺盛，活泼好动，注意力集中时间较短，不能长时间地、全心全意地进行练习，因此，体育教师进行小学生身体运动功能健身操的教学时，要组织管理得当，调动气氛，增加练习的趣味性，才能更好地发挥练习效果。

小学生身体运动功能健身操虽然能够有效改善学生力量和柔韧等素质，但在增强速度素质方面有所欠缺。如何更好地改进小学生身体运动功能健身操，从而更有效地促进小学生速度素质的发展，有待更深入的思考。

建议编排分阶段的身体运动功能健身操。当前我国小学分为六个年级，其体育水平共分为三个阶段，其中一、二年级为体育水平一阶段，三、四年级为体育水平二阶段，五、六年级为体育水平三阶段。身体运动功能健身操编排一般以体育水平二为主要出发点，以体育水平一和体育水平三的负荷穿插其中。个别动作对于一、二年级的学生来说，运动负荷略高；个别动作对于五、六年级的学生来说，运动负荷略低。如果想让身体运动功能体系在学校体育中发挥出更大的效果，不仅要结合器材开展训练，还应结合不同的体育水平段，筛选编排不同阶段的内容，然后进行分阶段练习。

案例：青少年健康体能练习
——身体运动功能训练在篮球训练中的应用

了解身体运动功能训练在篮球训练中的应用，能帮助教师更好地理解相应的基础知识，建立更为扎实的理论基础。在篮球项目中安排体能训练内容，可以有效提高学生参与的积极性，培养学生积极拼搏的精神。在身体运动功能训练中，模块化的应用给体育教师今后设计课程提供了实践案例。

一、身体运动功能训练在篮球训练中应用的原则

1. 兴趣性原则

　　兴趣是最好的老师，是青少年运动员学习的重要内在动因之一。在训练中，对训练内容感兴趣的学生注意力会更加集中，他们对所学动作的理解和思考，以及动作的完成质量，都要优于对训练内容不感兴趣的学生。运动员在学习动作和技能的过程中，如果产生了学习兴趣，那么他们对新事物的求知欲也会提高，将由原来的被动学习转变为主动接受，养成自觉的学习态度，有刻苦训练的精神，从而真正牢固地掌握所学内容。

　　因此，在篮球训练中运用身体运动功能训练时，应首先重点培养运动员对训练内容的兴趣，并在训练中有意识地强化兴趣，充分开发运动员的运动能力，使他们对训练保持长久的热情，以使训练能够顺利进行，从而圆满地完成训练任务。

2. 系统性原则

　　系统性原则是指在组织运动训练时要保证过程的持续性和循序渐进性。

运动员要想攀登竞技运动的高峰，必须坚持长时间、持续地训练；在训练时又必须循序渐进地增加动作难度和训练负荷，不能跳跃式增加，这样才能取得理想的训练效果。

身体运动功能训练本身就是一个系统的、循序渐进的过程，在实施训练的过程中，应该遵循人体的适应规律。针对青少年篮球运动员，首先应该发展他们的灵活性与稳定性，之后才能进行动作模式训练，进而实施功能性训练，否则极易引发运动损伤，甚至导致其运动生涯过早结束。在功能性训练阶段，应遵循人体的适应规律，循序渐进地增加动作难度、强度、负荷量以及持续时间。

3. 整体性原则

人体运动功能的基本系统是由神经系统、肌肉系统和骨骼系统组成的有机整体。三个系统之间相互作用、相互联系，形成了人体生物力学的动力链。在赛场上决定运动员能力的不是单个关节和单块肌肉连续累积的发力，而是神经中枢系统调节人体各个关节肌肉协调作用的结果。物质世界是普遍联系的，人体内部的各个肌肉、关节、系统之间也是相互联系的，只有把各个部分整合起来，形成一个有机整体，才能真正挖掘人体潜力，实现 1+1>2 的训练效果。

身体运动功能训练是强调核心力量和核心稳定性的训练，体现了物质世界的普遍联系。人体的上下肢是一体、协调完成专项动作的。当人体处于站立姿势时，力量从下向上传递；当处于坐姿时，力是由腰腹开始传递的。当核心不稳定时，力传递就会衰减，能量也会损耗，出现运动代偿，导致动力链输出功率降低，还容易造成运动损伤。只有整合人体不同部位的功能，才能高效提升运动员的竞技能力，避免运动损伤的发生。

4. 动作与技能相结合原则

在设计身体运动功能训练动作时，需要根据篮球项目特点，分析各个专项技术动作的结构和方向，以及完成动作时参与的肌肉和关节，还包括需要克服的阻力和身体所处的平面、空间位置等。

（1）肌肉和关节

明确篮球专项技术中涉及的肌肉和关节，是设计身体运动功能训练动作的第一步。在篮球专项技术中，基本没有单关节运动，动作都是在多个关节参与下完成的。例如，在双手胸前传球技术中，工作的原动力是胸大肌，协助的肌肉是肩关节前方的三角肌和上臂背面的肱三头肌。传统的训练方法是在身体稳定的情况下进行的，这样会带走身体大部分的稳定能力，而身体运动功能训练中的自由重量器械则可以更好地促进身体稳定能力。

（2）动作结构与方向

牛顿运动定律不仅在物理学上有着重要意义，在训练学上也有着无可替代的作用。在所有的体育项目中，每个技术动作的结构与方向都以牛顿运动定律为基本准则，直线运动和角运动是体育运动中两种基本的运动结构。在篮球专项技术中，以运动员为中心轴所做的转身都属于角运动。每个运动专项都有独特的动作结构与方向，如篮球运动员单手肩上投篮的动作结构，大致包括身体姿势、腿部动作、髋部动作、手臂配合等，每个动作都有其具体的先后顺序和运动方向。只有把握好每个专项技术动作的结构与方向，才能科学有效地进行训练。

（3）阻力来源

阻力伴随着所有运动。在篮球运动中，阻力的主要来源是自身重力和运动员之间的对抗力。阻力的方向决定着训练的方法和手段。显然在篮球比赛中，运动员之间对抗力的强弱直接决定着运动员完成动作的质量和效率，其次才是克服自身的重力。篮球运动员要有改变方向、急停急起、滞空及控制身体随意运动的能力，因此，在进行身体运动功能训练时要选择肌肉的拉力方向与专项技术动作一致的力量训练。

二、身体运动功能训练在篮球训练中的实践案例

1. 应用内容安排

训练内容	训练方式	训练器材	训练目的
动态拉伸与动作准备	迷你带——侧向走 最伟大拉伸 直向军步走	迷你带	提高身体核心温度，激活臀大肌，整合动作模式，提高训练的整体效率。
神经肌肉激活训练	原地快速前后交换腿 绳梯训练	绳梯	加强神经系统兴奋，增加肌肉弹性。
脊柱区训练	垫上徒手动作	瑜伽垫	强调核心区训练，增加核心基础稳定性。
	瑞士球动作练习	瑞士球	强调非稳定性训练，增加核心区训练难度，增加身体平衡能力。
	悬吊训练	TRX	强化脊柱训练，提高肩带、髋关节稳定性。
恢复再生训练	拉伸、按摩	泡沫轴、按摩棒、棒球	以放松为主，加快运动员机体恢复能力。

2. 应用效果分析

身体运动功能训练在小学男子篮球训练中应用是可行的，有利于提高学生的篮球专项技术水平，可取得较好的训练效果，对改进传统篮球技术

训练具有一定的借鉴意义。

身体运动功能训练可以有效提高运动员的身体素质，但身体运动功能训练并不能完全取代传统体能训练，二者是互补关系。

身体运动功能训练在小学男子篮球队训练中应用的方法是通过瑞士球、瑜伽垫、弹力带等多种器材，提高篮球运动员的协调性和核心稳定性，强化其整体运动能力，从而提高技术动作的稳定性。

身体运动功能训练要求运动员必须非常标准地完成训练动作，这样才能更加有效地发展目标肌肉。在进行身体运动功能训练时，运动员需要经历学习、适应、强化三个阶段，以保证训练的系统性和连贯性。